阅读推广人系列教材（第四辑）

中国图书馆学会　编
王余光　霍瑞娟　李东来　总主编

中国图书馆的历史与发展

吴晞 著

The History and
Development of
Chinese Libraries

朝华出版社
BLOSSOM PRESS

图书在版编目（CIP）数据

中国图书馆的历史与发展 / 吴晞著 . -- 北京：朝
华出版社，2020.5（2022.5重印）
阅读推广人系列教材 . 第四辑
ISBN 978-7-5054-4490-4

Ⅰ.①中… Ⅱ.①吴… Ⅲ.①图书馆史—中国—近现
代—教材 Ⅳ.① G259.295

中国版本图书馆 CIP 数据核字（2019）第 089942 号

中国图书馆的历史与发展

吴 晞 著

选题策划 张汉东
责任编辑 刘小磊
责任印制 陆竞赢 崔航

出版发行 朝华出版社
社 址 北京市西城区百万庄大街 24 号   **邮政编码** 100037
出版合作 （010）68995532
订购电话 （010）68996050 68996618
传 真 （010）88415258（发行部）
联系版权 zhbq@cipg.org.cn
网 址 http://zhcb.cipg.org.cn
印 刷 北京虎彩文化传播有限公司
经 销 全国新华书店
开 本 710mm×1000mm 1/16   **字 数** 146 千字
印 张 10
版 次 2020 年 5 月第 1 版 2022 年 5 月第 2 次印刷
装 别 平
书 号 ISBN 978-7-5054-4490-4
定 价 45.00 元

阅读推广人系列教材
编委会

主　编：

王余光　霍瑞娟　李东来

编　委：（按姓氏音序排列）

总 序

由中国图书馆学会（以下简称"中图学会"）主持编写的丛书"阅读推广人系列教材"，是中图学会"阅读推广人"培育行动的一部分。

自 2005 年中图学会设立科普与阅读指导委员会（2009 年更名为"阅读推广委员会"）以来，各类型图书馆逐步重视开展阅读推广活动，并取得了丰硕的成果。在阅读推广过程中，很多图书馆面临不少问题，其中没有适合从事阅读推广的馆员是一个重要问题，而这对图书馆阅读推广活动能否持续、有效、创新地开展，将产生重要的影响。

鉴于此，中图学会阅读推广委员会于 2013 年 7 月，在浙江绍兴图书馆举办了"首届全国阅读推广高峰论坛"。这一论坛的目的是为图书馆免费培训阅读推广人，造就一支理念新、专业强、技能高的阅读推广人才队伍。首届论坛获得了图书馆界同人极高的评价。此后，在 2014 至 2015 年，中图学会阅读推广委员会又在常熟、石家庄、镇江、成都、临沂举办了五次免费培训，都取得了良好效果。

在绍兴阅读推广人培训之后，中图学会阅读推广委员会便着手考虑培训的专业化与系统性。为了更好地将阅读推广人培训工作顺利推进，委员会于 2014 年 7 月为中图学会制定了《培育阅读推广人行动计划（草案）》。该草案分四个部分：前言、培训课程体系与教材、专家组织、考核与能力证书授予等。关于阅读推广人，"前言"中写道：

"阅读推广人"是具有一定资质，可以开展阅读指导、提升读者阅读兴趣和阅读能力的专业与业余人士。

全民阅读、阅读推广，是立足中国文化、提高中华民族素质与竞争力的重要举措，近两年来受到政府与社会的广泛关注。为了推动全民阅读工作规范有效开展，培训"阅读推广人"，则是十分重要与必要的，也是很多机构，如学校、图书馆、大型企业、宣传部门十分需要的。

中国图书馆学会长期以来开展阅读推广活动，积累了丰富的经验，并拥有一批该领域的专家学者，从事全民阅读与阅读推广研究，他们承担课题或从事教育培训，取得了一定的成果，为进一步开展"阅读推广人"的培训、资格认证提供了重要的基础。作为以促进全民阅读，为读者终身学习提供保障为目标和社会责任的图书馆，应当成为阅读推广人培养与成长的摇篮。

中国图书馆学会为了更好地帮助图书馆、学校、大型企业、宣传部门等机构开展阅读推广工作，将阅读推广人培训作为自己一项长期工作。为了培训工作更好与规范地开展，特制订《培育阅读推广人行动计划》。参加培训的学员，通过一定的考核，中国图书馆学会将授予学员"阅读推广人"资格证书。

2014年12月11日，中图学会阅读推广委员会举办的"全民阅读推广峰会暨'阅读推广人'培育行动启动仪式"在常熟图书馆举行。会上，中图学会正式启动"阅读推广人"培育行动。

在"阅读推广人"培育行动中，教材的编写成为首要任务。这套"阅读推广人系列教材"是国内首套针对阅读推广人的教材。由于没有相关的参考著作，教材可能还存在一些不足。在今后使用过程中，对教材中存在的问题与不足，主编将做进一步的修订与完善。这套教材的问世，对中国阅读推广人的培育将发挥积极的推动作用。

"阅读推广人系列教材" 编委会

弁 言
——中国图书馆历史的起点

中国图书馆的历史肇始于清末，亦即 19 世纪末期至 20 世纪初期。

图书馆这一新生事物在中国出现，给中国传统社会，尤其是沿袭千年的藏书制度，带来了一系列的冲击和变化：

古代藏书机制逐步衰落，新型文献机构日渐兴起；

社会文献从私有化和只为少数人所利用，转变为公共化、社会化、公益化，形成了面向社会的文献信息体系；

新型图书馆取代旧式藏书机构，成为社会文献收藏的主流；

古代藏书思想成为历史，近代图书馆学产生。①

以上这些历史性的重大变化，都是在 19 世纪末期至 20 世纪初期这一历史时期发端、嬗变和成型的。

中国古代的藏书、藏书楼，和近现代图书馆是不同属性的事物。中国的图书馆是西方思想文化传入的产物，亦即"西风东渐"的结果，不是"中华古已有之"的。我曾把这一论点归结为"中国图书馆西来说"，此说始见拙作《从藏书楼到图书馆》②，后来在《图书馆史话》③《清话书林》④等论著中又做了进一步阐述。

这一论点在业界得到了很多同人的认可和赞同，也符合诸多研究大家和权威论著的表述，但仍有一些相左的看法。沿袭多年的传统观点认为：中国图书馆的

① 图书馆问世所产生的社会历史作用，可参见：绪论［M］// 程焕文. 中国图书馆史·近代图书馆卷. 北京：国家图书馆出版社，2017：1–6.
② 吴晞. 从藏书楼到图书馆［M］. 北京：书目文献出版社，1996.
③ 吴晞. 图书馆史话［M］. 北京：社会科学文献出版社，2015.
④ 吴晞. 清话书林［M］. 北京：社会科学文献出版社，2016.

历史源远流长，可追溯到先秦的甲骨简册，后来形成了官府、书院、私家、寺院等几大藏书系统，且作为母体孕育了近现代图书馆；中国古代藏书事业灿烂辉煌，是图书馆历史发展的重要组成部分；近现代图书馆与古代藏书一脉相承，其本质属性是相通的，不能人为割裂开来。①

需要说明的是，我从未主张将中国古代藏书排斥在图书馆历史研究之外，实际上本书也是从阐述古代藏书开始的，将其作为近现代图书馆的历史渊源；只是反对混淆概念、削足适履，生拉硬扯地把古代藏书说成中国图书馆的母体，把古代文献研究的成果当作图书馆学的前身。

中国古代藏书事业确曾先进发达、独具异彩，但并不是因为后来落后了，才接受了西方图书馆，采纳了新型图书馆的思想、方法和技术。中国古代藏书和西方图书馆之间，不是什么落后与先进的差别，而是走了南辕北辙的两条道路。换句话说，如果没有近代社会西方思想文化的冲击和影响，中国古代藏书再发展若干世纪，也没有可能自行演变成为西方式的近代图书馆。中国的旧式藏书楼与西方图书馆相比，实际上并不落后，但缺乏进化成为近代图书馆的基本机制，因此不可能成为新式图书馆产生的母体。

演变过渡的诠释，用于西方图书馆的整体历史发展是比较恰当的，而用于中国图书馆则不妥。西方图书馆的历史源于古代两河流域、埃及、希腊和罗马的公共图书馆，中世纪时演变为大教堂和修道院的图书馆，产业革命之后又产生了近现代的公共图书馆，这是一种演变、递进的完整过程。② 而中国古代藏书的历史在近代之后则中断了，旧式藏书楼也消亡了，而不是转变成了什么。现有的图书馆没有哪一家是由传统藏书楼演变而来的，至多是接收了部分旧式藏书。中国的图书馆从产生之日起，走的便是一条全新的道路。从本质上看，中国近代图书馆所接受和继承的主要是西方图书馆的东西，而不是中国古代藏书的传统。这是一种取代，而不是演变或过渡。

为什么会是这样？本书会力图厘清其社会原因和发展脉络。简单说来，近现

---

① 任继愈.中国藏书楼［M］.沈阳：辽宁人民出版社，2001：2. 又见：前言［M］//韩永进.中国图书馆史北京：国家图书馆出版社，2017：1–12.

② M.H.哈里斯.西方图书馆史［M］.吴晞，靳萍，译.北京：书目文献出版社，1989.

代图书馆，尤其是公共图书馆，本质上是近现代文明的产物，是近现代社会民主、民权、平等、公正和公民社会的象征。新型图书馆尤其是近现代公共图书馆的问世，实际上是社会发展到一定阶段才会有的现象，是社会民主、公民权利和社会平等这些现代人文意识成熟的结果。这种条件，到了 19 世纪中叶才在西方日臻成熟[①]，而在中国要到 19 世纪末期方见端倪。西风东渐、千年未有之变局，促成了中国社会的嬗变和转型，致使中国旧式藏书走向衰亡，新型图书馆应运而生。

举一个例证或许会有助于说明。"图书馆"这个词借用的是日文"図書館"，是梁启超最先使用的[②]，并很快得到官方和士大夫阶层的认可，形成了社会共识。可以想见，历代藏书机构或是藏书楼的名号，从天禄琳琅到"四库七阁"，以及林林总总的私家藏书楼，在传统中文词汇中有那么多风雅典丽、文化内涵丰富的表述，但先驱们却偏偏选用了这个外来的词语，可见在梁启超和当时"睁眼看世界"的士大夫心目中，图书馆就是个外来的新事物，是不折不扣的"舶来品"。

图书馆在中国就如同移植的作物，如果没有移植，本土自身是不能自行产生的。其实类似图书馆这样的例子，上至国家体制，下至衣食住行，在社会各界多得很。譬如，"共和国"在中国就完全是个外来的事物，其历史是从 1949 年或是 1911 年算起的，如果硬要说因为西周就有"共和元年"（公元前 841 年），所以西周也要算共和国，岂不是张冠李戴、混淆概念，且望文生义？

当然，中国数千年传统的藏书文化不可抹杀，将其作为中国图书馆史的研究范畴也不无合理之处，但是古代藏书与近现代图书馆仍然是有重大区别的。倘若以"大通史"为范畴做文章，其题目应该是"中国藏书与图书馆史"，或"中国古代藏书与近现代图书馆史"，分别进行研究和阐述，而不宜笼统称之为"中国图书馆史"。

许多前辈大家正是这样做的，并为我们留下了丰硕的研究成果。

严文郁先生是旅美学者，早期的武昌文华图专毕业生。20 世纪 30 年代起，严先生历任北平图书馆馆长、北京大学图书馆馆长、西南联大图书馆馆长，后在美

---

① 参见本书第二讲。

② 吴晞.从藏书楼到图书馆［M］.北京：书目文献出版社，1996：9.

国俄亥俄大学和台湾辅仁大学任教，是中国近现代图书馆发展的亲历者。他撰写的《中国图书馆发展史——自清末至抗战胜利》一书，即把中国图书馆的历史锁定在清末之后。①

李希泌先生和夫人张淑华编写的《中国古代藏书与近代图书馆史料（春秋至五四前后）》，是迄今为止最为全面的图书馆史料汇编，也是研究图书馆史必备的参考书。李希泌原计划撰写以《中国古代藏书与近代图书馆历史》为题的专著，因种种原因未能完成，此书即是 1965 年完成的材料准备。著述虽未完成，但仍能从中看出作者的基本思路，即把古代藏书与近代图书馆加以区分，分别研究和介绍。②

谢灼华教授编撰的《中国图书与图书馆史》是图书馆史研究领域的权威著述、高校专业教材，曾多次修订再版。该书的框架也是分别介绍古代文献和近现代图书馆，与李希泌先生并无不同，其特点是力图从文献（图书）的角度统领全书，因而颇多书史、文献史、出版发行史的内容。③

类似的论著还有许多。即使论点相左的，其研究成果实际上也是这个路数。如近期出版的韩永进领衔主编的《中国图书馆史》，虽明言以"大通史"为原则编撰，但全书仍要分为《古代藏书卷》（王余光主编）、《近代图书馆卷》（程焕文主编）和《现当代图书馆卷》（肖希明主编）。④

由此可见，中国图书馆的历史发端于近代之后，或曰古代藏书和近现代图书馆的分野出现在这一时期，实际上是各位方家的共识，只不过表述的角度和方式有所不同。

本书没有采用"大通史"的方针进行编撰，除学理依据外，还基于以下两点具体考虑：

一、本书旨在为图书馆阅读推广人提供图书馆历史知识和专业发展背景，因

---

① 严文郁.中国图书馆发展史——自清末至抗战胜利［M］.台北：(台湾）中国图书馆学会，枫城出版社，1983.
② 李希泌，张淑华.中国古代藏书与近代图书馆史料（春秋至五四前后）［M］.北京：中华书局，1982.
③ 谢灼华.中国图书与图书馆史［M］.武汉：武汉大学出版社，1987.
④ 韩永进.中国图书馆史［M］.北京：国家图书馆出版社，2017.

此要界定一个明确的范畴。在中国古代社会中，藏书史与书史、阅读史、文献史、出版史、校雠史、目录史、档案史等领域是无法明确区分的，而且年代越早越趋于一体。进入近代社会后，这些不同的畛域才逐渐有了清晰的分野。本书对图书馆历史的界定，便于从本专业的角度进行阐述介绍。

二、在"阅读推广人系列教材"中，业已出版或计划出版多部有关阅读史、藏书史和传统阅读文化题材的著述。本书所划定的范畴是与其他教材相辅相成的，不宜交叉重复，这也是本系列教材的总体要求。

为此，本书秉承我的一贯主张和业界诸多方家的研究结果，将中国图书馆历史的起点确定在清朝末年，亦即19世纪末期至20世纪初期。全书的重点是中国图书馆产生的过程和发展成熟的轨迹，着眼于其"产生"和"形成"，选取重要节点，时间大致在清末民初至抗战爆发之前。对于现代和当代图书馆，则力图做一全景式的简要阐述，并概括介绍一些当代图书馆的热点问题。书中内容以重要的人物、机构、事件为主线，尽量将100多年来中国图书馆的历史面貌以生动鲜活的方式加以展现。书中介绍的人物以过世者为主，一般不涉及在世的专业人士。

目 录

第一讲

历史渊源

第一节　中国古代文献及其收藏

中国是文明古国，也是文献大国。我们的祖先留下的博大精深、丰富多彩的文化遗产，大多是通过各种文献流传至今的。文献就是文明的载体。

早在中华文明初始之时，就出现了文献。甚至在文字产生之前，就有了《河图》《洛书》《连山》《归藏》这样的以图画符号为主的占卜之书。前人曾这样归纳先秦的文献：书于竹帛，镂于金石，琢于盘盂，传遗后世子孙者知之。① 此外还应再加上"刻于甲骨"。这样我们就知道了在纸张和印刷术出现之前，我国早期文献的六种形态：陶文、甲骨文、金文、玉石刻辞、简策、帛书。其中最为多见的是简策和帛书。② 这是中华文明独到的文献载体，而西方古代文献的三种主要形态是泥版文书（clay tablet）、纸莎草（papyrus）和羊皮纸（parchment）。③

有了文献，就有了相应的文献收藏制度。根据文献记载和考古发现，商周时期就已经设有"史官"制度，史官专门从事典籍的编撰、管理与保存。史官乃是要职，史官所掌握的典籍也是国家的重器。史载，夏朝将要灭亡之时，太史令终古携带典籍"出奔如商"；殷商将要灭亡之时，内史向挚也带着典籍"出亡之周"④，

---

① 墨子·明鬼下．

② 吴晞．中国图书的起源［M］.// 吴晞．清话书林．北京：社会科学文献出版社，2015：3–20.

③ M.H. 哈里斯．西方图书馆史［M］．吴晞，靳萍，译．北京：书目文献出版社，1989：8–11.

④ 吕氏春秋·先识览．

可见文献在当时的重要地位。关于古代文献的重要性，还有一个著名的故事。秦汉之际，刘邦军队率先攻入咸阳，将领们都去争抢金银财帛，唯独萧何抢先把秦王朝的律令图书收藏起来。日后证实了萧何的远见卓识，"汉王所以具知天下阨塞，户口多少，强弱之处，民所疾苦者，以（萧）何具得秦图书也。"①

有研究者认为，上下几千年的中国古代藏书历史，可分期为九个阶段：（1）文明的初始，从黄帝到夏王朝，约公元前 26 世纪至前 17 世纪；（2）华夏文明的形成，商与西周，公元前 17 世纪至前 771 年；（3）华夏文明的变异与中部区域文明的增长，春秋战国时期，公元前 770 年至前 221 年；（4）中华文明的形成时期，秦汉时期，公元前 221 年至 220 年；（5）中华文明的变异与周边区域文明的成长时期，魏晋南北朝时期，公元 220 年至 581 年；（6）中华文明的兴盛时期，隋唐时期，公元 581 年至 907 年；（7）中华文明的融合与大中华文明的形成时期，五代宋元时期，公元 907 年至 1368 年；（8）中华文明的成熟与停滞时期，明朝与清朝前期，公元 1368 年至 1840 年；（9）中华文明的再变异时期，公元 1840 年至今。②

按照以上的分期，大约在第四阶段中华文明的形成时期，亦即从秦汉开始，古代的藏书制度就开始成熟，形成了官府藏书、私家藏书和书院藏书三大类型。

官府藏书是最早形成的藏书制度。西周之前基本上是"学在官府"的局面，亦称"学术官守"。反映在文献上则是"官守其书"③，文化、教育和典籍均为官府垄断，王朝史官制度即是其表现。从两汉直至明清，官府藏书兴盛繁荣，成为我国古代藏书的主流。史载，汉武帝时期"建藏书之策，置写书之官，下及诸子传说，皆充秘府"④，从而形成了一整套藏书收集、整理、编撰、校勘、刻印的制度。历代王朝皆遵守为定制，一直沿袭了 2000 多年。

私家藏书起源于春秋战国时期。先师孔子以其毕生的教育活动，变"学术官守"为"学在民间"，打破了"官学合一"的局面。《庄子》载"惠施多方，其书五

---

① 史记·萧相国世家.

② 绪论［M］// 王余光.中国图书馆史·古代藏书卷.北京：国家图书馆出版社，2017：3-5.

③ 章学诚.校雠通义·卷一.

④ 汉书·艺文志.

车"①,《墨子》称"今天下之士君子之书,不可胜载"②,都是当时私人藏书兴起的事例。隋唐之后,随着纸张和印刷术的发明和普及,私家收藏逐渐蔚为大观,出现了许多著名的藏书家和藏书楼。私家藏书保存了大量文籍,培养了社会读书之风,促进了民间学术发展,其历史功绩不可埋没。

书院是中国特有的教育组织,兼有教育、研究、讲学和出版多种功能。藏书是书院的重要物质保障。书院源起于唐代,宋代以后尤其发达,明清两朝的书院都超过了千所。书院藏书的构成除购买添置外,还有朝廷赏赐和官员捐赠,另外还印制许多本院学者的著述和讲义,别具特色。书院藏书可在院内师生中公开借阅,发挥了很大的教育功能。晚清时,许多书院改为学堂,其藏书也成为学校图书馆。

除了官府藏书、私家藏书和书院藏书这三大类型外,中国古代还有寺院藏书。佛教有寺庙的佛藏,道教有宫观的道藏,后来还有了基督教和伊斯兰教的堂院藏书。这些藏书比较另类,管理上较为封闭,难以与其他藏书融合,此不赘述。

中国古代藏书上下数千年,涌现出大量的著名藏书楼和卓越藏书家。③中国到底有多少藏书楼和藏书家?《中国藏书楼》一书记载的藏书楼就达 1000 多家,重点介绍的有 400 多家;载入的藏书家达 2000 多人,重点介绍的有 800 多人。④另据《中国图书馆史·古代藏书卷》记载,至 19 世纪末,具有代表性的藏书家共有 80 人,并列有名录。⑤这些藏书楼和藏书家是中华文明的守护者、传承人,也是民族文化的保存与传播的有功之臣。

第二节　藏书、藏书楼和图书馆

我国古代藏书的场所称藏书楼,近代以来新型的文献机构称图书馆,这一称谓上的历史变化过程,被称为从藏书楼到图书馆的转变。这是通常的说法,也是

---

① 庄子·天下 .

② 墨子·天志上 .

③ 关于藏书、藏书楼、图书馆等概念的界定及说明,详见第一讲第二节。

④ 据任继愈《中国藏书楼·索引》做出的约略统计。沈阳:辽宁人民出版社,2001:2157-2222.

⑤ 绪论［M］// 王余光 . 中国图书馆史·古代藏书卷,北京:国家图书馆出版社,2017:11-12.

图书馆史研究的专业术语。

在中国古代藏书及图书馆史研究领域，"藏书楼"成为旧式藏书机构的统称，并被赋予特殊的专业涵义。譬如任继愈主编的《中国藏书楼》就在"编撰说明"中开宗明义指出："所谓'藏书楼'，系指历代官方机构、民间团体及私人收集典藏文献之处所，即用以藏书的建筑。……只要是藏书之所，皆可归之为藏书楼。每当人们提起'藏书楼'，也都不言而喻地指向这一涵义。"①

但是细究起来，将我国古代的文献收藏称为"藏书"更为恰当。藏书是个由来已久的古老的文化现象。《史记·老子韩非列传》称："（老子）周守藏室之史也。"司马贞《史记索隐》注："藏室史，周藏书室之史也。"这就是"藏书"一词的最早出处。老子所职掌的周王室藏书室，也是文献记载中最古老的正式的藏书机构，老子就相当于周王朝国家图书馆的馆长。

"藏书"一词，实际上是我国古代文献收藏的总称，也是前人的一贯说法。例如"建藏书之策，置写书之官"②，"藏书之盛，莫盛于开元"③等诸多记载，便是例证。

至于"藏书楼"一词，则是一种较为晚出的说法。"藏书楼"之称究竟出现于何时，目前似乎还很难确切考定。但不会早于唐宋之际，并且发源于私家藏书。据《新唐书》记载："（李磎）家有书至万卷，世号'李书楼'。"又据《郡斋读书志》载："（孙长孺）喜藏书，贮以楼，蜀人号'书楼孙家'。"这两处唐代的私人藏书，大概就是最早被称作藏书楼的文献收藏了。

明清之际，私人藏书进入了鼎盛时代，藏书楼之称便开始风行一时。私人藏书家们往往要将自己的藏书之所标之以"××楼""××阁"的雅称。就是一些没有多少文献收藏的士大夫们，也常常为其书斋取个藏书楼的名号以附庸风雅。这种风气甚至也影响到了官方的藏书，许多皇家和官府的藏书机构也开始仿效民间的藏书楼，冠之以各式藏书楼的名号。这样一来，"藏书楼"就成了古代各类文献收藏的统称。就是近代问世的一些早期新型图书馆，往往也标之以"藏书楼"之名，如京师大学堂藏书楼、古越藏书楼、皖省藏书楼等，实际上是借用这

---

① 编撰说明［M］//任继愈.中国藏书楼.沈阳：辽宁人民出版社，2001：1.

② 汉书·艺文志.

③ 新唐书·艺文志.

一既有的名称来翻译外来的词汇。

对于藏书、藏书楼这些专有名词，我曾在旧作《从藏书楼到图书馆》中做过辨析。① 后来一些研究者提出了一些不同的论点，归纳起来大致有两种：一种论点认为，"藏书楼"完全是一个"近代化"的名称，是晚清"西学东渐"的结果，并认定最早使用这个名称的是上海徐家汇天主堂藏书楼②；另一种论点认为，"藏书楼"这一术语起源于宋代，在南宋文献中，"藏书楼"已经是通用名而非专指名，而且多指官府藏书机构。③

显然，"藏书楼"这一名称在中国古代早已存在，有多种历史文献可以明确无误地证实这一点。不仅仅是宋代文献，在近代早期多用这一既有词汇来翻译"图书馆"这一外来的事物。至于"藏书楼"一词在何时出现、其历史涵义如何，则有待于进一步考辨。本书遵从多数专业论著的观念，多用"藏书"，有时也用"藏书楼"，其概念都是指广义的古代藏书机构。

与藏书、藏书楼源远流长的历史相反，"图书馆"在中国是个完完全全的外来名词和近代文化现象。"图书馆"一词，在西方语言中基本上有两种说法，一个是"library"，另一个是"bibliotheca"。"library"源自拉丁语的"liber"，意为树皮。因为树皮曾用作书写的材料，所以在意大利语中把书店叫"libraria"，而法语中则把书店称作"libraries"。这个词后来由法语进入英语，就成了"library"。而"bibliotheca"一词，源自希腊语"biblos"，即书籍，由书写材料"纸莎草"（papyrus）的希腊语读音而来。后来对于存书的场所，希腊语叫"bibliothek"，拉丁语则称"bibliotheca"，在德语、法语、意大利语、西班牙语中均用这一词称图书馆，只是在拼法上有些小差别。对于"library"或"bibliotheca"，中国人最初译为"藏书楼"或"公共藏书楼"。

中文"图书馆"一词的直接来源，出自日文"図書館"，最初是由梁启超引进到中国来的。1896 年 9 月，在梁启超主编的《时务报》上，首次出现了"图书馆"一词。但是这一新的提法似乎并没有马上为国人所接受，一些早期的近代图书馆仍以"藏书楼"称之者居多，也有的称"书藏""书籍馆""图书院""藏书院"等。直

① 吴晞. 从藏书楼到图书馆［M］. 北京：书目文献出版社，1996：6–10.
② 程焕文. 晚清图书馆学术思想史［M］. 北京：北京图书馆出版社，2004：4.
③ 江向东. "藏书楼"术语宋代文献记载考. 大学图书馆学报［J］，2011，29（6）：108–112.

至 20 世纪初期，使用"图书馆"一词的文献和机构才开始多了起来。

1904 年，清政府颁发了管学大臣张百熙主持制定的高等教育纲领《奏定大学堂章程》，其中提到："大学堂当置附属图书馆一所，广罗中外古今图书，以资考证"，并规定其主管人为"图书馆经理官"。[①] 这是"图书馆"一词第一次被官方文件所正式采用。《奏定大学堂章程》颁布后，原京师大学堂藏书楼便改名为京师大学堂图书馆，藏书楼的主管人也由"提调"改称"图书馆经理官"。这是我国第一个采用图书馆名称的正式官方藏书机构。随后，湖南图书馆、湖北图书馆和福建图书馆相继成立，图书馆的名称才开始在社会上通行。其后，各地出现的各种新型藏书处所，多数都标之以图书馆之名。1909 年，京师图书馆（今国家图书馆）奉旨筹建，清政府又随之颁发了《京师图书馆及各省图书馆通行章程》，这样才使得图书馆的名称在我国最后确立了下来。

需要特别指出的是，韦棣华（Mary Elizabeth Wood）女士在 1910 年在武昌文华大学创办"Boone Library"时，译为"文华公书林"。可惜"公书林"这一准确、精彩的译名后来没有得到广泛应用。

厘清藏书、藏书楼和图书馆的含义及其关联与区别，是为了澄清这样一个史实：中国古代的藏书、藏书楼，与近现代图书馆是两种不同属性的事物；中国的图书馆是西方思想文化传入的产物，亦即"西风东渐"的结果，不是"中华古已有之"的。

第三节　藏书楼和藏书家的历史局限

中国是世界上文献保存数量最多、内容最为丰富连贯的文献大国，藏书楼则是这些文献的载体，是华夏文化的骄子，也是中华文明赖以存在和流传的基本因素。与世界上任何一种古代和中世纪文明中的文献收藏相比，我国古代的藏书均毫不逊色，并独具异彩。但这些因素并不能催生出新型的近现代图书馆。古代的藏书楼至多可以看作中国图书馆的历史渊源，但不是它的母体和前身。

新型图书馆的本质特征是公益性、公共性，其表现就是面向社会普遍开放；

---

① 吴晞. 从藏书楼到图书馆 [M]. 北京：书目文献出版社，1996：132–134.

而旧式藏书楼属于私人所有，或由皇家、官府等少数人占有，不是"公器"，与社会民众无关，其主要特点必然是封闭或是限制开放、有条件开放。

从历史发展看，在古代藏书初兴的殷、周二朝，是"学在官府"或"学术官守"的文化垄断；反映在藏书方面，则是"官守其书"的局面，贵族统治者之外的广大民众是与文化、图书无缘的。春秋末年，孔子通过毕生的文化教育活动，实现了从"学在官府"向"学到民间"的转变，使得众多的平民有了拥有、阅读图书的可能，这是我国文献收藏史上的第一次大变革。东汉以来，纸张出现并逐渐成为图书文献的主要载体，使图书的传抄和普及变得更为容易和廉价，于是社会上官府藏书之外的各种文献收藏开始多了起来，这是我国文献收藏史上的第二次大变革。唐宋之际，雕版印刷术发明并在全社会普及，促进了书籍的生产和流通，致使文献的收藏和利用水平又大大提高了一步，各种类型的藏书楼骤然增多，这是我国文献收藏史上的第三次大变革。但是，通过这三次变革，只是增加了社会上图书和图书收藏的数量，却基本上没有改变藏书楼"门虽设而常关"的封闭状态。

明代著名藏书家祁承爜的澹生堂藏书楼便是一个典型的例子。祁承爜对自己的子孙及其藏书楼的管理有着明确的规定：

子孙能读者，则以一人尽居之；不能读者，则以众人遵守之。入架者不复出，蠹啮者必速补。子孙取读者，就堂检阅，阅竟则入架，不得入私室。亲友借观者，有副本则以应，无副本则以辞，正本不得出密园外。……勿分析，勿复瓻，勿归商贾手。①

不难看出，祁氏对其藏书楼采取的是严格的封闭性管理措施，连子孙、亲友都要受到限制，外人自然就更无缘问津了。

而享誉明清两代的藏书楼范氏天一阁，其措施更为严厉苛刻：

司马（天一阁的创始人范钦）没后，封闭甚严，继乃子孙各房相约为例，凡阁厨锁钥，分房掌之。禁以书下阁梯，非各房子孙齐至，不开锁。子孙无故开门入阁者，罚不与祭三次；私领亲友入阁及擅开厨者，罚不与祭一年；擅将书借出者，罚不与祭三年；因而典鬻者，永摈逐不与祭。②

---

① 祁承爜.澹生堂藏书约［M］//李希泌，张淑华.中国古代藏书与近代图书馆史料（春秋至五四前后）.北京：中华书局，1982：26-30.

② 阮元.宁波范氏天一阁书目序［M］//李希泌，张淑华.中国古代藏书与近代图书馆史料（春秋至五四前后）.北京：中华书局，1982：39-41.

藏书楼的图书竟然连子孙都不准入内阅读，已经和守财奴埋着金银饿肚皮无异，与文献收藏的本来意义相去何止十万八千里。

澹生堂和天一阁只不过是两个典型的例子。类似的严格限制措施，在古代为数众多的藏书楼中属于常态，是极为普遍的现象。当然，这种现象的出现和蔓延，并不都是藏书家自身的过失，藏书家们集聚、保存图书典籍的苦心孤诣和历史功绩也不可一笔抹煞。归根结底，藏书楼是小生产文化方式的产物，是藏书家的私有财产，不属"公器"范畴，不可能形成面向整个社会的文献信息体制，也不可能承担起服务公众的社会化任务，这是我们不能苛求于前人的。

古代的藏书家并非全都是"守财奴"式的角色，也有卓尔不群者。例如明末清初的藏书家曹溶，就曾尖锐批评藏书家"以独得为可矜，以公诸世为失策"的褊狭传统，以致古书"十不存四五"。他写了一部《流通古书约》，倡议藏书家之间互通有无，使"古籍不亡"，以免因秘不示人遭湮灭。[①]清代乾隆年间，还有一位学者兼藏书家周永年，大胆提出了"儒藏说"，提倡"天下万世共读之"；还建立了"藉书园"，专门为"穷乡僻壤，寒门窭士"等贫寒书生提供可读之书，"使学者于以习其业，传钞者于以流通其书，故以藉书名园"，[②]属难能可贵。

这样的藏书家在中国古代尚属凤毛麟角，其视野和影响均有限，无法得到广泛的社会认同，其举措也难以延续。他们只是旧事物的叛逆者，却不能成为新事物的创建人。毕竟古代社会的藏书楼并非社会公有，皇家和官府藏书向读书人开放是官家的恩赐，私人藏书惠及乡里则是义举，不是其应有的社会职能和历史使命。据此不难得出结论，旧式藏书不具备转变为新型文献机构的基本机制，不可能成为近现代图书馆的母体，其自身无论怎样发达辉煌，也不会演变为后来的图书馆。

只有新型的近现代公共图书馆才能完成向全社会平等开放、提供文献信息服务的使命。这是中国文献收藏史上第四次也是迄今为止最为重大的一次变革。变革的结果便是终结了旧式藏书楼寿命，开启了新型图书馆的时代。

---

① 曹溶.流通古书约［M］//李希泌，张淑华.中国古代藏书与近代图书馆史料（春秋至五四前后）.北京：中华书局，1982：31–32.

② 周永年.儒藏说［M］//李希泌，张淑华.中国古代藏书与近代图书馆史料（春秋至五四前后）.北京：中华书局，1982：47–50.

第二讲
西来的蒿矢

第一节　西方近现代图书馆的产生

西方图书馆的历史悠久，源远流长。

早在公元前 4000 年左右，美索不达米亚平原就有了大量的文献收藏，当时的文献形态主要是书写在泥版上的楔形文字，称"泥版文书"。亚述王国时期规模宏大的尼尼微图书馆，已为考古发掘所证实。同样历史久远的还有古埃及的图书馆，其收藏主要是纸莎草、皮革等为载体的文献。及至古希腊和古罗马时期，图书馆已经普及，亚里士多德的学园图书馆名噪一时，著名的亚历山大图书馆兴盛了几百年之久，甚至在雅典、罗马等大城市中还出现了对部分市民实行某种程度开放的公共图书馆。①

西方图书馆的历史虽然长久，但西方古代及中世纪的图书馆与我们今天意义上的近现代图书馆是有重大差异的。公共图书馆及其理念的出现，才是重大的分野和标志。

尽管"公共图书馆"这一名称在西方古代文明中早已出现，但真正意义上的公共图书馆只能出现于近现代社会，是社会发展到一定阶段的产物。此前，所有的图书馆，包括一些冠之以"公共图书馆"名义的图书馆，都有特定的服务对象，

---

① M.H. 哈里斯．西方图书馆史［M］．吴晞，靳萍，译．北京：书目文献出版社，1989：1-54.

或是皇家成员、达官贵胄，或是神职人员、学院师生，或是有特定身份的市民，而非社会所有成员。新型公共图书馆的产生实际上是社会民主、公民权利、社会平等和信息公正等现代人文意识成熟的结果，也是历史发展到一定阶段才有的产物。

19 世纪中期的英国首先具备了这样的社会条件。1852 年，英国曼彻斯特公共图书馆成立。曼彻斯特公共图书馆是世界上首座现代意义上的公共图书馆，它的问世是公共图书馆诞生的标志，也是西方现代图书馆的历史起点。

当时英国有一位名叫爱德华·爱德华兹（Edward Edwards）的图书馆员，他被后世称为现代公共图书馆的理论奠基人和先行者。爱德华兹出身贫苦，自学读书成才，做过大英博物馆和图书馆的编目员，以毕生之力，为倡导和实现公共图书馆的理想而不懈奋斗。在他的努力下，英国下议院于 1850 年通过了一个法案，授权地方议会为免费图书馆征税。这就是人们常说的世界第一部公共图书馆法，它标志着公共图书馆制度的正式确立。曼彻斯特公共图书馆就是依照此法率先建立的，爱德华兹出任了首任馆长。因此可以说，公共图书馆是在近现代公民社会建立的过程中应运而生的。[①]

曼彻斯特公共图书馆的诞生，当时并不是轰动一时的事件，除了大文豪狄更斯（Charles John Huffam Dickens）参加了曼彻斯特公共图书馆开幕式还做了演讲，并没有多少引人注目的地方。但是爱德华兹和曼彻斯特公共图书馆为后世留下了有关公共图书馆的基本精神和制度，可以归纳为：依据政府立法建立、公费支持、免费服务，以及对社会成员无区别服务。这些理念堪称经典，为其后各国公共图书馆的建立以及后来《公共图书馆宣言》的产生，奠定了基本的精神内核。

在曼彻斯特公共图书馆问世之后，亦即 19 世纪后期至 20 世纪初期，欧美各国公共图书馆迅速兴起。这一时期，仅美国钢铁大王安德鲁·卡内基（Andrew Carnegie）就在美国、加拿大、英国捐办了 2500 余座公共图书馆，揭开了西方尤其是美国现代图书馆发展史上极为波澜壮阔的一幕。

继爱德华兹之后，诸多知名图书馆学家和图书馆专业工作者，如杜威

---

① 吴晞. 西方公共图书馆的产生与发展［M］// 吴晞. 清话书林. 北京：社会科学文献出版社，2016：45-48.

（John Dewey）、普尔（William Frederick Poole）、谢拉（J.H.Shera）等，均对现代图书馆的理论和制度做出过深入的阐述。美国图书馆协会发布了《图书馆权利宣言》（The Library Bill of Rights）（1939年），使得现代公共图书馆的理念日渐深入人心，逐渐成为世界各国人民所普遍接受的普世通则。1948年，联合国大会通过并颁布了著名的《世界人权宣言》（Universal Declaration of Human Rights），其中关于人人享有信息自由权利的主张，直接催生了《公共图书馆宣言》。

1949年，联合国教科文组织通过了《公共图书馆宣言》，正式表达了世界文化知识界和图书馆界对公共图书馆的基本立场。概括起来，《公共图书馆宣言》重点向世人阐明了三个观念：一，公共图书馆是现代民主政治的产物，也是民主制度的保障和民主信念的典范；二，要立法保障公共图书馆事业发展，完全或主要由公费支持；三，对社区所有成员实行平等的服务，全部免费开放。

《公共图书馆宣言》在1972年和1994年又做了两次修订，内容虽然有所补充订正，但其主要精神是一以贯之的。现在通行的为1994年版，其正式名称为"国际图联/联合国教科文组织：公共图书馆宣言（1994）"（IFLA / UNESCO：Public Library Manifesto［1994］）。

《公共图书馆宣言》的问世，是世界图书馆发展史上的重大事件。它既是有关公共图书馆思想理论的集大成者，又是指导现代图书馆建设的利器，对世界各国公共图书馆的发展起到了重大的推动和指导作用。

自1996年国际图联（IFLA）第62届大会在北京召开之后，《公共图书馆宣言》开始为国内图书馆界及社会各界所认识，并广为传播。进入21世纪后，我国图书馆业内的理论研究者对《公共图书馆宣言》给予了极大的关注，撰写了大量的研究、介绍文章。一些地方的公共图书馆及其管理部门也突破桎梏，勇于践行，有力地推动了全国公共图书馆的建设和改革。在许多重大问题上，如唤醒民众的图书馆权利意识、倡导公共图书馆的基本精神、明确各级政府对公共图书馆的责任等方面，近年来均取得了突破性的进展。《公共图书馆宣言》的诸多理念，如公益、均等、免费等，已经由学界的呼吁和部分公共图书馆的实践转化成为国家的既定政策。

第二节　传教士与基督教图书馆

在中国，率先跨越旧式藏书楼窠臼的新型图书馆，是西方传教士们所创办的基督教图书馆。

这里讲述的是西方传教士在中国境内所创办或与之有较深关联的各类图书馆。对于这些图书馆，我们统称为基督教图书馆。需要说明的有两点：这里所说的基督教，除个别注明者外，均是广义的，包括天主教、新教、东正教及景教等诸派系，并非如国内某些习惯专指新教而言；文中所涉及的图书馆，既包括西方传教士们创办的、以宗教研究和传播为目的图书馆，也包括各种基督教会所资助、扶植或教会背景较深的社会图书馆、研究图书馆和学校图书馆。严格讲来，后者不属宗教图书馆的范畴，但由于它们均为西方传教士们所直接或间接创办，往往与前者没有明确的分界，因此一并进行介绍。

恰如上文所说，近代新型的图书馆不可能从古老的中华文明中生长出来，不可能从中国悠久的藏书楼传统中自行孕育并产生，它只能是"西风东渐"的产物，只能从输入西方式的模式开始，而西方传教士这一特殊的团体，则在这种特殊的传播中起到了特殊的媒介作用。

据西方神学家的研究，基督教教义传入中国的时间，甚至远在基督教创立之初的公元 1 世纪，亦即中国的东汉年间就已经开始了。[1]但这种基于传说的推断，还称不上是信史。十字架登上赤县神州的可信时间是在唐朝，其确凿的证据便是西安出土的立于唐建中二年（781 年）的"大秦景教流行中国碑"。这座著名石碑现存西安碑林。在碑文中，有景教教主"占青云而载真经"，"远将经象，来献上京"[2]的记载。另外，在敦煌鸣沙山石窟中也发现有唐代景教经文抄本多部。据这些经文记载，景教经文有 530 部，仅"大秦景教流行中国碑"的作者景净就译出 30 部。[3]可见，早在基督教传入中国之初，便伴随着频繁的传书、藏书活动。

---

① 穆尔.一五五〇年前中国基督教史［M］.郝镇华，译.北京：中华书局，1984.

② 大秦景教流行中国碑［M］//穆尔.一五五〇年前中国基督教史［M］.郝镇华，译.北京：中华书局，1984.

③ 沈福伟.中西文化交流史［M］.上海：上海人民出版社，1985.

景教属聂斯脱利教派（Nestorians），并非基督教之正统，在我国中原地区流传的时间也不算太长。基督教在中国具有历史影响的传教事业，实际上始自明代中叶著名天主教耶稣会传教士利玛窦，以及他的继承者、明末清初的汤若望、南怀仁等人。这一时期的传教士们也曾在中国文献收藏史上留下了他们的足迹，其中最为重要的便是著名传教士金尼阁（Nicolas Trigault）所创立的"教廷图书馆"。金氏曾于明万历年间两次来华传教。当他于1614年返回欧洲时，曾遍游德、法、比等国，向各方募集图书，共得到西方书籍7000余部。这些数量庞大、门类齐全的西方图籍进入中国，是中西文化交流史上的大事件，并由此创立了中国境内第一个颇具规模的基督教图书馆。因此，金尼阁在其名著《基督教远征中国记》中曾称："在中国成立了名符其实的教廷图书馆。"① 这里需要说明，当时并无"图书馆"之称，"教廷图书馆"是后人翻译时所用的，下文中也有很多这样的情况。

至明末清初之际，中国的基督教图书馆有了进一步的发展，在北京形成了著名的"四堂"图书馆，即南堂图书馆、东堂图书馆、北堂图书馆和西堂图书馆。

（1）南堂图书馆。南堂是葡萄牙耶稣会的教堂，建于明万历二十八年（1600年），其创始人便是利玛窦。利玛窦以介绍西学为主要传教方法，所以在南堂积累了大量的宗教和科学书籍。利氏死后，南堂得到教皇保罗五世赠送的大批图书，内容有神学、哲学、法学、数学、物理及其他西方科学。清代南堂的索主教和汤主教都是图书收藏家，曾为南堂的收藏增色不少。18世纪末，中国的耶稣会奉教皇之令解散，各地天主堂的藏书都集中于南堂收藏。道光十八年（1838年）南堂的书籍移至北京的俄罗斯修道院。

（2）东堂图书馆。东堂也是葡萄牙耶稣会的教堂，系顺治七年（1656年）皇帝所赐建。当时著述较多的传教士，如汤若望、南怀仁等人，都居住于东堂，因此他们的著作和参考书也在其中，图书的收藏十分丰富。后因战乱，东堂被焚，烬余残存者只有数册而已。

（3）北堂图书馆。北堂属法国耶稣会，是康熙三十九年（1700年）皇帝拨地拨款所建。北堂的藏书在当时数量最多，也最有价值，欧洲各研究院和皇家科

---

① 方豪. 中国天主教人物传［M］. 北京：中华书局，1988.

学院都曾赠送给北堂大量的学术著作，甚至法国的国王及政府要员也为北堂收集书籍。从嘉庆年间开始，北堂逐渐衰落，清政府旋以八千两银的代价出售北堂。当时幸有一位中国教士薛司锋，将北堂的藏书及其他贵重物品转移到城外，后又运往张家口外的西湾子。直至同治五年（1866年），这批图书才几经周折运回北京，但大部分已毁坏流失。

（4）西堂图书馆。西堂是耶稣会以外传教士们的寓所，创建于雍正三年（1725年）。西堂藏书的基础是教廷专使来华时携带的一大批书籍，以及主教和方济各会士们的遗书。嘉庆年间，清廷驱逐教士离境，西堂藏书迁至南堂。

后来的北平西什库天主教堂（即北堂）图书馆便是汇合了南、东、北、西四堂的藏书而成的。据1938年的整理统计，北堂图书馆计有西文书5000余册，中文书约80000册，其中有很多稀世珍本，如西方15、16世纪出版的图书，教士与中国基督徒早期翻译的西方名著，宋、明版刊本及抄本，清帝御赐本，方志，武英殿聚珍版图书等。[①]

在鸦片战争之前，基督教在中国的传播基本上是以平等、自愿的方式，在尊重中国主权的前提下进行的，因此其性质主要是东西方意识形态在思想文化上的碰撞和交融，其结果无疑会起到促进中西方社会发展和科学文化进步的作用。事实正是如此。利玛窦、汤若望等人以传播西方科学知识为主要方式的传教活动，曾不同程度地征服了像徐光启、李之藻这样的上层士大夫，甚至一些中国的帝王，使世代囿于传统文化之下的中国人开阔了视野，学习到了一些为数虽少、却是极为可贵的西方科学知识。而独具异彩的华夏文明也经由传教士之手介绍到了欧洲，直接为18世纪席卷欧洲的启蒙运动提供了精神养料，对欧洲近代文明的诞生起到了促进作用。

然而，这场由传教士们触发的中西文化的震荡，并没有给中国图书馆的历史带来实质性的影响。传教士们苦心经营多年的教廷图书馆、"四堂"图书馆等，除了在馆藏方面，多了几本当时绝大多数中国人都不知道也读不懂的洋文书外，与中国传统的藏书楼或寺院藏经并没有什么区别。其原因既在于当时西方的图书馆尚未达到足以超越中国藏书楼的先进水平，也因为当时的中国还没有变革旧式

[①] 方豪.北平北堂图书馆小史［J］.图书月刊，1944，（3）.上文中"四堂"图书馆情况均出自此文。

藏书楼的社会要求。

但是在鸦片战争之后，情况就发生了根本性的变化。在阵阵强劲"西风"的震撼下，中国古老的藏书楼阁摇摇欲坠、根基动摇。传教士们用炮舰加福音书，在中国的土地上创建了一座座令中国的藏书家们瞠目结舌的、明显居于先进水平的新式图书馆。从中国图书馆发展的角度看，基督教图书馆在中国的历史是从鸦片战争之后才真正开始的。

基督教传教士在中国的传教事业，在鸦片战争之后得到了迅速的发展。但是这种发展都是西方列强武力征服和签订一系列不平等条约的结果，因此受到中国各阶层人民的强烈抵制。如果说在利玛窦的时代，士大夫们对基督教的种种非难还带有传统观念中保守、褊狭的成分的话，那么在 19 世纪后期，中国士人、民众与基督教传教士之间的纠葛和争斗，就不再仅仅是思想文化方面的冲撞，而具有了反对外来侵略、维护国家主权和民族自尊的性质。频繁发生的教案，以及随之而来的内乱与外患，给近代中国带来了斑斑的创伤，这是历史的事实。但是我们也应看到，传教士们为了达到传教的目的，往往要以西方的科学文化作为媒介，而西方的近代科学文化与中国传统的旧式文化之间是有着先进和落后之别的。因此，传教士们在中国的一些活动，尤其是在文化教育方面的活动，在客观上还是有所建树和作为的，这也是历史的事实。中国的基督教图书馆在很大程度上就具有后者的性质。

有人曾称西方传教士在中国扮演了"文化掮客"的角色[①]，这是恰如其分的。总的看来，西方传教士在近代中国的基督教传教事业上是失败的，不仅没有达到"中华归主"的目标，反而引发了一系列的激烈矛盾冲突，但他们作为"文化掮客"却取得了成功，在科学文化传播上取得了远远大于宗教传播的成就。这也许并不是传教士们的初衷，但却得到了"无心插柳柳成荫"的结果。中国近代基督教图书馆的出现及其产生的社会影响，便是这种结果之一。

近代中国到底有多少基督教图书馆，我们无法得知，因为全国各种教会团体，如教会机构、教会学校、教会医院，以及传教士们所直接或间接参与的文化教育机构，都可能会有数量不等的藏书，但是，并不是所有的这类藏书都称为近代新

---

① 费正清.剑桥中国晚清史［M］.北京：中国社会科学出版社，1985.

型图书馆，称得上近代新型图书馆的也不见得都有广泛的社会影响。所以，这里仅挑选了几个具有典型意义、并在中国近代图书馆发展史上有过一定作用的基督教图书馆予以介绍。

（1）徐家汇天主堂藏书楼。建于 1847 年，由耶稣会传教士创办，隶属于徐家汇天主堂耶稣会总院，是上海众多的天主教图书馆中规模较大的一所。现该场所及藏书均并入上海图书馆。

（2）工部局公众图书馆。建于 1849 年，1851 年起称上海图书馆，自 1913 年起改名为公众图书馆。又因其英文名称 Public Library，S .M. C. 而译作工部局公众图书馆。这座图书馆本是上海英租界的西方侨民筹办的，但教会在其中起了相当重要的作用，图书馆的多任主管都是西方传教士。

（3）亚洲文会北中国支会图书馆。建于 1871 年，创始人是英国牧师伟烈亚力（Alexander Wylie）。亚洲文会是伟烈亚力创办的研究东半球文化的学术机关，曾得到英国政府的支持资助，这所图书馆便是它的附属机构，以收藏东方学文献为主。

（4）圣约翰大学图书馆。建于 1894 年，原为学校藏书室，后用捐建者的姓氏命名为罗氏藏书室（Low Library）。圣约翰大学是美国圣公会创办的教会学校，罗氏藏书室即为该校附设的图书馆。至 1919 年前后，该馆已具备相当的实力，成为我国境内规模最大的大学图书馆之一。

（5）格致书院藏书楼。建于 1901 年，由英国传教士傅兰雅（John Fryer）创办。上海格致书院是傅兰雅在 1876 年创办的一所专门传授西方科学知识的新式学堂，其藏书楼实际上是一所专为华人读者开设的图书馆，以收藏中国古籍和中文译著为主。该馆后来毁于火灾，残本 4000 余册为上海市立图书馆接收。[①]

（6）文华公书林。1903 年创办，1910 年正式建成开放，创始人是韦棣华。武昌文华大学本是美国圣公会创办的教会学校，文华公书林即为该校之图书馆。但文华公书林同时也对武汉三镇的公众开放，因此兼有大学图书馆和公共图书馆的双重性质。[②]

---

① 上述五个基督教图书馆材料均源自：胡道静.上海图书馆史［M］.上海市通志馆，1935.
② 黄宗忠.武汉大学图书馆学系六十年［J］.武汉大学学报（人文科学），1986，（6）.

在我国现代图书馆的发展史上，这些基督教图书馆占有何种地位呢？

第一，基督教图书馆是我国近代出现时间代最早的新型图书馆，起到了"为天下之先"的示范作用。从19世纪末年起，我国的洋务派、维新派人士才开始认识、鼓吹和筹办新型的图书馆。至于较为成型的近代图书馆，如京师大学堂藏书楼、古越藏书楼的出现，已是将近20世纪初年的事了，而传教士们创办的图书馆，从19世纪40年代起即已在我国出现，在时间上遥遥领先了半个多世纪。即使是创办年代较迟的文华公书林（1903年），也是武昌出现的第一所公共图书馆，比湖北省图书馆的创办（1904年）还早了一年。近代图书馆在我国从无到有的突破，实际上是由基督教图书馆最初实现的。相当一部分中国人对图书馆的认识，也是从这些"洋书楼"开始的。在我国图书馆史上，基督教图书馆启蒙、范例的作用，是不容忽视的。

第二，这些基督教图书馆大多具备了公益、开放的特点，与传统的旧式藏书楼形成了鲜明的对照。如工部局公众图书馆便以"公开的书林"和"供中外居民教育娱乐之需"为标榜，其公共阅览室每天从早9时至晚7时全日对公众开放，这在19世纪下半叶的中国还是一个从未有过的"西洋景"。再如格致书院藏书楼，曾号称是"第一所为谋华人读者便利的图书馆"，时人亦有"惠我士林"之誉。①最为突出的是文华公书林，它虽是一所学校图书馆，却坚持对武汉三镇的公众开放，还举行公开演讲会、读书会、故事会、音乐会等活动，以吸引读者上门读书。在读者服务的方式上，基督教图书馆也有诸多独到之处，如圣约翰大学图书馆和文华公书林都实行开架借阅。文华公书林还实行了为较远读者送书上门的"巡回文库"制，②格致书院藏书楼采用挂"粉牌"的方式向读者宣传图书，等等。③

需要指出的是，并不是所有的基督教图书馆都无条件地对公众，尤其是对中国民众开放。如徐家汇天主堂藏书楼，起初只供耶稣会会士使用，后来教徒或由教会人士介绍、经主管司铎同意，也可进馆阅览，实际只是一种半开放状态。即便是以"有益于普通的公众"为口号的工部局公众图书馆，藏书绝大多数却是外文书刊，这对于中国的"普通公众"来说，其实是谈不上什么"有益"的。然而

① 胡道静.上海图书馆史［M］.上海市通志馆，1935.
② 黄宗忠.武汉大学图书馆学系六十年［J］.武汉大学学报（人文科学），1986，（6）.
③ 陈洙.上海格致书院藏书楼书目·本楼观书约［M］.上海：商务印书馆，光绪三十三年.

不管基督教图书馆的大门全开、半开还是有条件地开，与"门虽设而常关"的旧式藏书楼相比，毕竟有着性质上的差别。

第三，许多基督教图书馆有着丰富、系统、别具一格的藏书，极大地丰富了我国近代图书馆的收藏，在当时及后世都发挥了重要的作用。徐家汇天主堂藏书楼收藏有大量的中国方志，其数量居全国第四位；同时因为建馆时间较早，年代久远的早期报刊收藏也很完备，如整套的《上海新报》《申报》《教会新报》等，为全国所罕见。亚洲文会北中国支会图书馆藏有丰富的东方学文献，包括许多珍贵的早期书刊，曾被誉为"中国境内最好的东方学图书馆"。格致书院藏书楼的中文西学译著是其一大特色。这些宝贵的文献收藏，是我国图书馆无法替代的重要财富。

第四，有些基督教图书馆拥有先进的、明显优于我国藏书楼的馆舍和设备。1910 年建成的文华公书林馆舍，号称"十万元建筑"，名噪一时。1911 年建成的圣约翰大学图书馆，是上海第一座专用的图书馆馆舍，采用中西参半的新式二层建筑，建筑费耗银两万两，书库容书可达三万册，并有良好的设备设施。这些基督教图书馆的范例，对于我国图书馆馆舍及设备条件的改善无疑会有推动作用。

第五，基督教图书馆带来了西方图书馆的新式管理方法和先进技术。以收藏中文图书为主的格致书院藏书楼，对旧籍用四部分类，而新书则划分为科学、算学等 36 类，这是用新式科学分类法来类分中文图书的首次尝试。早在 1909 年孙毓修翻译介绍"杜威分类法"之前，亚洲文会北中国支会图书馆就采用了"杜威分类法"及"克特著者号码表"，为这部后来在中国影响甚广的西方分类法的应用开创了先例。而圣约翰大学图书馆则是使用"杜威分类法"类分中文图书的最早的图书馆，其方法是用"杜威分类法"中一些使用率不高的空号码来容纳中文图书，如"000"为经部、"181"为中国哲学、"951"为中国史等。这种方法虽然不尽合理，但影响却很大。在几部本土的中文分类法问世之前，国内许多图书馆都用这种办法来类分中文图书，以求中外文图书能在编目中得到统一。首先使用卡片式目录的，也是基督教图书馆。亚洲文会北中国支会图书馆早在 1908 年就编成了一套字典式的卡片目录，并附有"杜威分类法"的分类索引。圣约翰大学图书馆的卡片目录最为完备，除书名、著者目录外，还编有一套标题片，同时编制子目片和分析片。这些都是新式图书馆的技术方法。基督教图书馆编制的新式书本式目录也不少，较有影响的有《上海格致书院藏书楼书目（1906年）》《圣约翰大学罗氏图书馆书目（1907年）》等。可以说，在如何开办西方式图书馆的问题上，基督教图书馆是主要和直接的"教师"。

第六，也是最为重要的，基督教图书馆输入了西方式图书馆的思想和模式，使中国人摆脱了传统藏书楼的窠臼，在社会上树立了新式的图书馆观念。早在1877年3月，《申报》就曾载文说："本埠西人设有洋文书院（即工部局公众图书馆），计藏书约有万卷，每年又添购新书五六百部，阅者只需每年费银十两，可随时取出披阅，阅毕缴换。此真至妙之法也！"可见这些洋式图书馆当时已引起中国士人的关注和羡慕。陈洙在1906年撰写的《上海格致书院藏书楼书目序》中说："上海向有格致书院，近由西士傅兰雅君商诸各董，添设藏书楼。……吾知登斯楼者，既佩诸君之热诚毅力以惠我士林，而尤不能不为内国士大夫愧且望也。"并疾呼："裨益学术，光我文治，抗衡欧美，将在乎是！"[1]奋起效法之情溢于言表。基督教图书馆促进了这种社会观念的形成，而这种社会观念之深入人心，又是我国近代图书馆产生和发展的基本社会条件。

清王朝灭亡后，基督教图书馆在中国的活动非但没有中止，反而更加活跃，活动方式也有了很大的变化。经过1919年的五四运动，中国的社会状况巨变，民众的民族主义意识不断高涨，知识阶层中对西方列强控制中国教育文化事业的现状极为不满，开展了"收回教育权"等爱国运动。传教士们迫于这种强大的压力，为了能够在中国社会继续生存和传教，便提出了"更有效率、更基督化、更中国化"的应变新口号。[2]在这种形势下，传教士们兴办的各类图书馆也开始尽量减少"洋气"，如任用中国学者为主管人、大量收藏中文书刊、对教外的读者开放、加入中华图书馆协会等，以期能得到中国人民的认可。教会刊物《真光杂志》就曾载文，建议开办一个全国性的"中国基督教流通图书馆"，免费对社会开放，"欢迎各阶层知识界利用图书馆来享受极自由的无限制的教育，或作种种的研究"，"使全国基督徒在同一图书馆之下，共同读书与研究学问，成为精神食粮上的大团契；

---

① 陈洙.上海格致书院藏书楼书目·本楼观书约［M］.上海：商务印书馆，光绪三十三年.
② 顾长声.传教士与近代中国［M］.上海：上海人民出版社，1981.

更使教外读者与教会发生友谊的联系"。①这个设想虽然最终没有实现，但却反映了传教士们在图书馆办馆方针上的重要变化，即摒弃急功近利式的传教方法，通过为中国社会服务和与中国民众建立友谊的方式，间接地达到团结教徒和传播教义的目的。因此，在五四运动后的现代时期，基督教图书馆的宗教色彩大为减弱，宗教宣传的手法更为隐晦，与同时期中国人兴办的各类图书馆相比已没有明显的差异。这是中国基督教图书馆发展史上的一个重大转折。

值得注意的是，基督教图书馆的"中国化"改革，并不意味着传教士们放弃了传教的目标。著名的燕京大学创办者司徒雷登就曾说过："燕京大学的成立是作为传教事业的一个组成部分的，……我要燕京大学在气氛和影响上彻底基督化，而同时又要甚至不使人看出它是传教运动的一部分。"②基督教图书馆改革的实质也在于此，但是由于这种变革，使基督教图书馆不再是游离于中国文化教育事业之外的独立王国，而是在很大程度上融为中国图书馆事业的一部分，也使更多的中国知识分子及普通民众能够利用这些图书馆，使其发挥出更大的社会作用。因此，从中国图书馆事业发展的角度看，基督教图书馆的这种变革还是有许多积极意义的。

根据 1937 年的统计，中国基督教（新教）的图书馆共有 114 所，其中教会机关 17 所、神学院 7 所、大专院校 19 所、中学 71 所，藏书共约 200 万册。③天主教的图书馆未见专门统计，但在数量上不会低于新教图书馆。其他教派组织，如东正教传教士团，也有一定数量的图书机构。与近代时期相比，现代时期的基督教图书馆虽数量增多，且更有实绩、更少宗教色彩，但在中国图书馆发展史上的影响、作用却远不如前一阶段重要。究其原因，主要在于当时中国图书馆向近现代过渡的进程业已完成，国内图书馆与西方图书馆之间在性质上已没有大的差异，不再仰赖基督教图书馆提供启蒙和范例。从 1935 年的统计看，国内各类型图书馆已达 5183 所，④而且出现了诸如国立北平图书馆、国立中央图书馆、北京

---

① 汤因.中国基督教流通图书馆建议［J］.真光杂志，1940：39（9）.

② 司徒雷登.在华五十年［M］.程宗家，译.北京：北京出版社，1982.

③ 汤因.全国基督教图书馆概况［M］.中华基督教教育季刊［J］，1937：13（1）.

④ 严文郁.中国图书馆发展史——自清末至抗战胜利［M］.台北：（台湾）中国图书馆学会，枫城出版社，1983.

大学图书馆等高水平的大型图书馆，致使传教士们兴办的图书馆在数量和质量上都相形见绌了。

新中国成立后，传教士和外国教会团体在中国大陆失去了继续存在的基础。1949 年 8 月，司徒雷登悄然离开南京，标志着近代西方传教士在中国经营 100 多年的传教事业基本结束。传教士们和他们所创办、扶植的图书馆，这一近代中国的特殊产物，也由此结束了它们曲折而又复杂的使命，其藏书大多归并到其他图书馆收藏。但是，它们的历史轨迹却不会消失，如同外国教会和传教士是中国近现代历史的一部分一样，基督教图书馆也是中国图书馆历史的一部分，已经融会在中国图书馆的历史发展历程之中。

第三讲
睁眼看世界

第一节　新型图书馆的启蒙

中国新型图书馆的源头在西方，在中国兴办这些图书馆的先行者也是来自西方的传教士，但是，创建中国现代图书馆的主角是中国人自己。中国现代图书馆的创建是中国人民自身奋斗和中国社会发展的结果。

自鸦片战争后，西学开始传入中国。但是在其后的半个世纪中，这种传入的速度是极其缓慢的。就地域而言，主要局限在几个通商口岸。从致力于此的中国人来看，也只有少数从事洋务的官员。中国的上层统治者和士大夫阶层仍然背负着几千年的巨大惰性，生活在传统的精神世界里。即使是那些热衷于洋务的官员，也主要着眼于兵器制造、筑路、开矿等具体技术知识，而绝少注意到西方政治、思想、文化方面的作用和影响。最能说明问题的例证是《书目答问》一书。这部流行一时的书目著作出自以提倡新政著称的洋务派大员张之洞之手，刊行于国门开启后数十年的光绪二年（1876年），但这部洋洋大观的书目却仍囿于传统的四部图籍，而绝少提到西学文献。这种大势，决定了中国早期具有新型图书馆性质的为数极少的藏书楼，都出现在京城和通商口岸城市，而且大多是在西方人（主要是传教士）的直接或间接参与下建成的。至于明确、系统的图书馆思想，则迟迟未能在士大夫阶层中形成。

19 世纪 90 年代是一个重要的转折点。这一时期，西方列强对中国的侵略和扩张进入了一个新的阶段，中华民族面临着前所未有的被瓜分的危机。1895 年中日甲午战争的失败，使中国的民众，尤其是沉酣于几千年旧传统的士大夫们，悚然惊醒。正如康有为所说："非经甲午之役，割台偿款，创巨痛深，未有肯幡然而改者。"梁启超也说："唤起支那四千年之大梦，实自甲午一役也。……支那则一经庚申圆明园之变，再经甲申马江之变，而十八行省之民，就不知痛痒，未曾稍改其顽固嚣张之习。直待台湾既割，二百兆之偿款既输，而鼾睡之声，乃渐惊起。"[①]甲午的风云未散，法国即声称华南和西南为其"势力范围"，德国占了胶州湾，俄国占了旅顺口，英国则继续强行维护在长江流域的利益，西方诸列强还掀起了"争夺租借地"的狂潮。在这种亡国灭种的冲击和恐惧之下，中华民族的有识之士终于开始挣脱千年传统的束缚，把目光投向了西方，开始走上了学习西学、变法图强的道路。

由此，中国的士大夫们对西方的看法产生了根本性的变化，逐渐认识到西方列国不是什么"蛮夷之邦"，而是代表了一种强大的文明；所谓西学也不仅仅是"声光电化"等"奇技淫巧"，而是包括政治体制、价值观念和文化教育等诸多内容在内的完整体系。这种认识，逐渐从沿海到内地，从少数洋务官员到整个士大夫阶层及上层统治者，汇聚成一种强大的思想舆论，形成了中国近代史上西学传播的第一次高潮。

在这个高潮中产生了一批向西方寻求救国救民之道的有识之士。他们虽然分属于洋务派、维新派等不同阵营，政见也不尽一致，但在学习西方的过程中却产生了一种共识，即都把兴办教育、建立学堂、开发民智作为社会改良的首要内容，而兴办新式教育的主要内容之一即建立西方式的图书馆。这种思想的出现并在舆论中逐渐占据主导，是中国人在效法西方的过程中一个重大的转折和突破，新型图书馆的思想舆论由此开始形成，奠定了中国兴办图书馆的思想基础，而后的中国图书馆基本上是按照此时形成的原则和思路发展的。

较早注意到西方式图书馆的，是中国近代思想界的先驱林则徐、陈逢衡、姚莹、徐继畬等人，他们在 19 世纪 40 年代撰写的著作，如《四洲志》《英吉利纪

---

① 梁启超.戊戌政变记［M］∥吴晞.从藏书楼到图书馆.北京：书目文献出版社，1996：33.

略》《康輶纪行》《瀛环志略》等书中，都提到了英美等国的图书馆。19 世纪后期的改良主义政论家王韬、学者马建忠则进一步提出了兴建新式图书馆的具体主张。第一位系统地提出新式图书馆思想的，是近代改良主义先驱郑观应。他刊行于光绪十八年（1892 年）的著名著作《盛世危言》，其中第四卷《藏书》系统地论述了兴办图书馆的思想，基本上包括了近代新型图书馆的主要精髓。

这些有关新式图书馆的主张问世后，在社会舆论界引起了强烈的反响。谈论、介绍西方图书馆，倡议建立公共藏书楼，一时蔚成风气。当时舆论界的主要喉舌《时务报》《知新报》《国闻报》《湘学报》《万国公报》《清议报》等，都连篇累牍地刊载有关新式图书馆的文章，就连西欧、日本等地的图书馆的读者人数、美国图书馆教育的方式等具体的细节问题，都成为这些报刊所津津乐道的话题。这样就使得新式图书馆的观念日渐深入人心，占据了主导的地位，形成了一股强大的思潮。

与政治体制上的改良相比，兴办图书馆的主张比较容易为国人所接受。不仅提倡新学者乐于此道，固守旧学者也愿意拥护。在维新派看来，新式图书馆是开发民智、传播西学的工具；在传统士大夫们的眼中，藏书楼也是弘扬儒学、研读经史的地方，何况又有乾隆年间开放四库的"故事"可循。因此，尽管兴办新式图书馆的观念是维新人士提出的，但它迅速征服了抱有各种观念的中国士大夫们，成为社会发展的潮流。

这一思想潮流很快就影响到统治阶级的上层。1896 年，吏部尚书兼官书局督办孙家鼐撰文，引述了当时通行的观点，指出，"泰西教育人才之道，计有三事：曰学校，曰新闻报馆，曰书籍馆"，还提出要在其主持的官书局中设立藏书院，允许"留心时事，讲求学问者入院借观，恢广学识"。[①] 同年，刑部左侍郎李端棻撰写了著名的《请推广学校折》，奏请建立学堂，提出了"与学校之益相须而成者"有五条，其中第一条就是"设藏书楼"。李氏认为应仿效"泰西诸国"和"乾隆故事"，"自京师及十八行省会，咸设大书楼"，而且要"妥定章程，许人入楼观书，由地方公择好学解事之人，经理其事，如此则向之无书可读者，皆得以自勉于学，无为弃才矣。"[②] 就连光绪皇帝在 1898 年筹办京师大学堂时也发出过拨款"购图书"

---

① 孙家鼐. 官书局开设缘由［M］// 中国出版史料（初编）. 北京：中华书局，1957.

② 李端棻. 请推广学校折［M］// 李希泌，张淑华. 中国古代藏书与近代图书馆史料（春秋至五四前后）. 北京：中华书局，1982：95-99.

的上谕。①

这些上层统治者的言论和观念，表明了他们对兴办图书馆的认同，也是新型图书馆思想终于在中国形成并逐渐占据主流地位的一个重要标志。

第二节　梁启超与中国图书馆

在这场决定中国图书馆命运的思潮中，梁启超是最为杰出的一位代表。通过梁启超这个典型人物，我们可以提纲挈领地看到我国近代图书馆形成的轨迹和其中的思想精髓。

梁启超，字卓如，号任公，又号饮冰室主人，同治十二年（1873 年）生于广东新会（今属广东省江门市），是我国近代著名的思想界先驱和维新派主将，也是近代图书馆的主要倡导者和推行者。在 19 世纪 90 年代新式图书馆观念的形成过程中，梁启超以他渊博的学识、敏锐的眼光、过人的才华、生花的妙笔，成为当时影响最大、鼓吹力最强、思想最深刻、成就最卓著的图书馆理论家和活动家，做出了远远超出他人的重要贡献。

梁启超出身于一个半耕半读的知识分子家庭，如他自己所述："启超故贫，濒海乡居，世代耕且读，数亩薄田，举家躬耘，获以为恒"。②他自幼酷爱读书，十一岁中秀才，十六岁中举人，虽有"神童"之称，但也饱尝了无力购书的苦楚。他后来追忆幼年读书情景时感叹地说：

启超故陬滋之鄙人也。年十三，始有志于学，欲购一潮州刻本之《汉书》而力不逮，乃展转请托，假诸邑之薄有藏书者，始得一睹。成童以还，欲读西学各书，以中国译出者不过区区二百余种，而数年之力，卒不能尽购。……夫启超既已如是，天下寒士与启超同病者，何可胜道，其知几百千万亿人也！③

童年读书的艰辛，播下了梁启超从事公共藏书事业的种子。光绪十七年（1891 年），梁启超从师康有为，读书于广州的万木草堂，开始了他世界观和学

---

① 清朝续文献通考·卷一〇六 .

② 谱前 ［M］// 丁文江，赵丰田 . 梁启超年谱长编·第一册 . 上海：上海人民出版社，1983.

③ 梁启超 . 万木草堂书藏征捐图书启 ［M］// 饮冰室合集·文集（卷三）. 上海：上海中华书局，1941.

术思想的奠基时期。在万木草堂，梁启超创办了一生中的第一所"图书馆"——
万木草堂书楼：

> 往者（即在万木草堂读书时期）既与二三同志，各出其所有之书，合度一地，
> 得七千余卷，使喜事小吏典焉，名曰万木草堂书藏。以省分购之力，且以饷戚好
> 中之贫而好学者而已。数年以来，同志借读渐夥，集书亦渐增，稍稍及万卷。①

梁启超对这个小小"图书馆"的感情很深。后来当他成为著名的维新派领袖
时，还念念不忘扶植万木草堂书楼，亲笔为其起草征捐图书的文章。当然，万木
草堂书楼仍没有超越旧式书院藏书的范畴，这时的梁启超对西方式的近代图书馆
还没有什么系统的认识。

1898 年，梁启超与康有为一起来到北京，走上了变法维新的政治舞台。面
对令人眼花缭乱的西学知识和内外交困的政治局势，年轻好学的梁启超认识到：
"今时局变异，外侮交迫，非读万国之书，则不能通一国之书。"②然而在当时的中
国，要想"读万国之书"又谈何容易："欲以一人之力，备天下之书，虽陈、晁、
毛、范，固所不能，况乃岩穴蓬壁好学之士，都养以从师、凭庑以自给者，其孰
从而窥之。"③在这种形势下，已经系统研读西学的梁启超把目光从个人集书转向
了西方式的图书馆："彼西国之为学也，自男女及岁，即入学校，其教科必读之书，
校中固已咸备矣，其淹雅繁博孤本重值之书，学人不能家庋一编者，则为藏书楼
以庋之，而恣国之人借览焉。"④

从西方图书馆之中，梁启超看到了他多年梦寐以求的理想目标，也找到了为
学、为政的新道路。自此，在中国建立西方式的新型图书馆，就成为梁启超变法
维新活动的重要组成部分，也成为他毕生为之奋斗不息的事业。

梁启超倡办新型图书馆的第一步，是与康有为等维新派人士共同创立的强学会
书藏。当时创立强学会的宗旨，乃如康有为所说："群中外之图书器艺，群南北之通

---

① 梁启超．万木草堂书藏征捐图书启［M］//饮冰室合集·文集（卷三）．上海：上海中华书局，
1941.

② 梁启超．湖南时务学堂学约［M］//饮冰室合集·文集（卷三）．上海：上海中华书局，1941.

③ 梁启超．万木草堂书藏征捐图书启［M］//饮冰室合集·文集（卷三）．上海：上海中华书局，
1941.

④ 梁启超．万木草堂书藏征捐图书启［M］//饮冰室合集·文集（卷三）．上海：上海中华书局，
1941.

人志士。"①为办好强学会及其书藏，梁启超投入了极大的热情，把其视为宣扬新学、启迪民智的开端。他后来追忆说："时在乙未之岁，鄙人与诸先辈，感国事之危殆，非兴学不足以救亡，乃共谋设立学校，以输入欧美之学术于国中。……而组织一强学会，备置图书仪器，邀人来观，冀输入世界之智识于我国民。"②然而梁启超等人的理想很快就破灭了，强学会存在仅四个月即被清廷查封。后来美国传教士李佳白（Gilbert Reid）筹办备有藏书楼的尚贤堂（中国国际研究院，International Institute of China），梁启超力促其成，并在《记尚贤堂》一文中不无悲愤地写道：

中国应举之事千万也。中国不自举，于是西人之旅中国者，伤之悯之，越俎而代之。……李君乃为此堂，思集金二十万，次第举藏书楼、博物院等事，与京师官书局、大学堂相应。其爱我华人亦至矣。诗曰，"无此疆尔界"，李君之贤也；又曰"不自为政"，抑亦中国之羞也。③

强学会及其藏书被查封后，梁启超兴办图书馆的热情转入到了研究、倡导西方式的图书馆上，成为中国新型图书馆思想的杰出代表和集大成者。19世纪90年代兴建图书馆思潮的形成和20世纪初年各地图书馆的普遍兴起，梁启超有着不可磨灭的功绩。

梁启超于1896年8月开始任《时务报》总撰述。在他的主持下，《时务报》不仅成为在全国有巨大影响的维新派的喉舌，也成为鼓吹西式图书馆最为得力的一家报刊。在《时务报》创刊号上，曾旗帜鲜明地提出："泰西教育人才之道，计有三事：曰学校，曰新闻馆，曰书籍馆。"《时务报》各期多次刊载论述图书馆的文章，介绍西方各国的图书馆，报道国内各地筹办藏书楼的消息。在《时务报》的影响下，各种鼓吹维新变法的刊物，如《知新报》《国闻报》《湘学报》等，都连篇累牍地宣扬和报道新型图书馆，一时风气大开，形成了强大的舆论力量。

与其他维新派人士一样，梁启超也把兴办新式图书馆看成是学习西方、救亡图存、成就维新大业的重要组成部分。1896年12月《时务报》第13期曾刊文指

---

① 康有为．上海强学会后序［M］//李希泌，张淑华．中国古代藏书与近代图书馆史料（春秋至五四前后）．北京：中华书局，1982：89.

② 梁启超．莅北京大学校欢迎会演说辞［M］//饮冰室合集·文集（卷二十九）．上海：上海中华书局，1941.

③ 梁启超．记尚贤堂［M］//饮冰室合集·文集（卷二）．上海：上海中华书局，1941.

出："今日振兴之策，首在育人才，育人才则必新学术，新学术则必改科举、设立学堂、定学会、建藏书楼。……斯三者，皆兴国之盛举也。"梁启超也撰写了《论学会》一文，提出了"今欲振中国，在广人才，欲广人才，在兴学会"的观点，而建立学会的目的有十六个，其中有五个都与新型图书馆有关："……七曰咨取官书局群籍，概提全份，以备储藏；八曰尽购已翻西书，收庋会中，以便借读；九曰择购西文各书，分门别类，以资翻译；十曰广翻地球各报，布散行省，以新耳目；十一曰精搜中外地图，悬张会堂，以备浏览。"[①]正是由于梁启超的重要影响和不懈努力，使救国必先治学、治学必先建藏书楼的思想日渐深入人心，成为一种社会共识。

梁启超是一位才华横溢的学者，其文笔当时享有盛名，在思想舆论界有极大的号召力。梁启超也同样用他那支生动鲜明、气魄宏大的笔来宣扬、鼓吹新式图书馆。例如，在描述英国等西方国家的图书馆时，他写道："举国书楼以千数百计，凡有井水饮处，靡不有学人，有学人处，靡不有藏书，此所以举国皆学，而富强甲于天下也。"[②]这种文采飞扬的"梁启超风格"使他的文章备受读者喜爱，也使他所宣扬的图书馆思想很快为社会所接受。在中国图书馆史上，梁启超是一位卓越的宣传家。

对于西方传入的图书馆思想、观念和方法，梁启超不仅仅停留于介绍、宣传和鼓吹，而且还做了系统的研究，并有大胆的创新。这也是与同时代人相比，梁启超的过人之处。1896年9月，梁启超在《时务报》上发表了著名的《西学书目表》。该书吸收了西方分类、著录的思想，将当时中国所译的西书分为西学、西政和宗教三大类及杂类（宗教类未录入书目）。西学类包括算学、重学、电学、化学、声学、光学、汽学、天学、地学、全体学、动植物学、医学、图学等十三目，西政类包括史志、官制、学制、法律、农政、矿政、工政、商政、兵政、船政等十目，杂类包括游记、报章、格致、西人议论之书、无可归类之书等五目。尽管还有许多不尽合理之处，但《西学书目表》的问世，是对一千多年来被视为"永制"的四部分类体制的一次冲击和突破，为近代新分类法的输入和产生开辟了道路，堪称中国新文献分类思想的启蒙著作。

---

① 梁启超.变法通议·论学会［M］//饮冰室合集·文集（卷一）上海：上海中华书局，1941.
② 梁启超.万木草堂书藏征捐图书启［M］//饮冰室合集·文集（卷三）.上海：上海中华书局，1941.

梁启超宣传、研究新图书馆的一系列活动，对中国图书馆思想的形成产生了重要的影响。例如，"图书馆"一词就首次出现在他主持的《时务报》1896年9月第6册上，一篇名为《古巴岛述略》的文章，译自1896年8月26日的《日本新报》。又如，当时的统治阶级上层人物对图书馆的认识，许多都源自梁启超。上文中引述的吏部尚书孙家鼐论图书馆功用的文字，实际上是抄自《时务报》；礼部尚书李端棻是梁启超的妻舅，那篇著名的《请推广学校折》据说即出自梁启超的手笔——至少也是在梁的直接影响下写成的。

1898年6月，光绪皇帝发布《明定国是诏》，开始了百日维新。梁启超踌躇满志，认定维新派大显宏图的时机已经到来，并以非凡的热情和才干投入了变法维新活动。在繁忙的政务活动中，梁启超仍没有放弃兴办新式教育和图书馆的理想。在他代总理衙门起草的《奏拟京师大学堂章程》中，专列了"藏书楼"一项。梁启超扬扬洒洒地写道：

学者应读之书甚多，一人之力，必不能尽购。乾隆年间，高宗纯皇帝于江浙等省设三阁，尽藏四库所有之书，俾士子借读，嘉惠士林，法良意美！泰西各国于都城省会，皆设有藏书楼，亦是此意。近张之洞在广东设广雅书院，陈宝箴在湖南设时务学堂，亦皆有藏书。京师大学堂为各省表率，体制尤当崇闳。今拟设一大藏书楼，广集中西要籍，以供士林流览而广天下风气。①

不难看出，在京师大学堂及其藏书楼身上，寄托了梁启超兴办教育、创建图书馆的理想和希望。然而，这次梁启超的梦想又落空了。变法维新活动不到百日，便发生了戊戌政变，光绪皇帝被囚，梁启超也成了被缉捕的"康梁乱党"主犯，逃往日本避难。他苦心倡办的京师大学堂虽然侥幸免遭废黜，但兴建藏书楼的宏大计划却被迫中止，已收藏的一些图书仪器也在庚子事变中大部毁于兵燹。

梁启超出逃到日本后，与康有为一起在横滨创办了《清议报》，由梁启超任主笔，继续宣扬改良主义的主张。在主持《清议报》时期，梁启超仍继续宣传他的图书馆思想和主张，其论述也更为深入和系统。在《清议报》刊载的一篇文章

---

① 京师大学堂章程［M］//北京大学校史研究室，编.北京大学史料（第一卷：1898~1911）.北京：北京大学出版社，1993：81–87.

中，称图书馆为"开进文化一大机关"。文章写道："何谓学校之外开进文化一大机关乎？曰，无他，唯广设图书馆可耳。"文中列举了图书馆的八项社会功能："第一之利，图书馆使现在学校受教育之青年学子，得补其知识之利也；第二之利，图书馆使凡青年志士，有不受学校教育者，得知识之利也；第三之利，图书馆储藏宏富，学者欲查故事，得备参考之利也；第四之利，图书馆有使阅览者，随意研究事物之利也；第五之利，图书馆有使阅览者，于顷刻间，得查数事物之利也；第六之利，图书馆凡使人皆得用贵重图书之利也；第七之利，图书馆有使阅览图书者，得速知地球各国近况之利也；第八之利，图书馆有不知不觉使养成人才之利也。"[①]这些思想表明，梁启超已超越了一般维新派人物对图书馆的认识水平，观念上达到了一个新的高度。

梁启超是新式图书馆思想的主要旗手和奠基人。他的思想、言论和行动，对中国图书馆思想的形成及为社会所普遍接受，起到了至关重要的作用。虽然梁启超兴办图书馆的实绩并不多，但他的主张却能深入人心，有着潜移默化的影响。20世纪初年我国所兴起的创办图书馆的高潮，基本上是按照梁启超等人的思想和主张行事的。

此外还值得一提的是，在新型图书馆形成并普及之后，梁启超对图书馆的兴趣依然不衰，毕生都在为中国的图书馆奔波操劳。1916年，为纪念蔡锷将军，梁启超发起创办"松坡图书馆"，并被推为馆长。1925年4月，中华图书馆学会成立，梁启超出任董事部部长兼分类委员会主席，参与了中国图书馆界的许多重大活动。1925年10月，梁启超被任命为京师图书馆馆长，为兴办和维持这所国家图书馆付出了很大的心血。梁启超还用了很大的精力从事图书馆学的研究，写下了《中华图书馆协会成立演说辞》《图书馆季刊发刊辞》《中国图书大辞典（部分）》《佛教典籍谱录考》《佛家经录在中国目录学之位置》《古书真伪及其年代》等大量著述，为推动中国图书馆学的发展做出了很大的贡献。

1929年梁启超逝世后，家人遵其遗愿，将其全部藏书捐送当时的国立北平图书馆，包括"饮冰室藏书"2800百多种、40000多册，新书100多种、140多册，还有许多墨迹、未刊稿本、私人信札等，均为宝贵文献。

---

① 梁启超.论图书馆为开进文化一大机关［M］//清议报全编（卷二十）.横滨：新民社.

第四讲
萌生与滥觞

第一节　京师同文馆

新型文献机构萌生于 19 世纪下半叶，中国近现代图书馆历史的序幕由此而拉开。

所谓近现代新型图书馆，其主体主要有两种类型：大学图书馆和公共图书馆，至今如此，中外皆然。在中国，最早和最具代表性的大学图书馆和公共图书馆的雏形，分别是同文馆书阁和强学会书藏。

同文馆也称京师同文馆，首建于同治元年（1862 年）。它是清末培养涉外翻译人员的学校，隶属于总理各国事务衙门，是中国官方自行创办的第一个新式教育机构。

同文馆在建立之初就伴随着图书的建设。当时的总理大臣、洋务派首领恭亲王奕䜣在 1860 年的《奏请创设京师同文馆疏》中，就有"饬广东、上海各督抚等，分派通解外国语言文字之人，携带各国书籍来京"之语。[①] 这些由各地教师所带来的"各国书籍"就是同文馆最初的藏书。

在其后的几十年中，史料中不断有关于同文馆藏书，尤其是外文藏书建设的记录。如，同治七年（1868 年）美国大使劳文罗曾送来书籍若干，同文馆也购

---

① 奕䜣.奏请创设京师同文馆疏［M］// 张静庐.中国近代出版史料.北京：中华书局，1957.

书回赠；同治十一年（1872年）法国大使热福里代表法国文学苑赠送同文馆图书11箱，共计188册，"以备同文馆肄业泰西文字之用"，同文馆也回赠了《康熙字典》《昭明文选》等中国书籍110部，以"彼此互读，亦彼此相认"①。经过多年的积累，同文馆的藏书日渐丰富起来。

至迟在光绪十三年（1887年），同文馆就已有了专用的藏书机构——"书阁"。在该年刊印的《同文馆题名录》中，对书阁有过具体生动的记载：

> 同文馆书阁存储洋汉书籍，用资查考。并有学生应用各种功课之书，以备分给各馆用资查考之用。汉文经籍等书三百本，洋文一千七百本，各种功课之书、汉文算学等书一千本。除课读之书随时分给各馆外，其余任听教习、学生等借阅，注册存记，以免遗失。②

由是不难看出：同文馆书阁的藏书数量虽不算多，但绝大多数是洋文书和"功课""算学"等新书，已摆脱了旧式"官学藏书"以儒家经典、正史为主的窠臼；采取了西方式图书馆的某些管理方式，如借阅、注册、存记等；藏书也不再以收藏为主要目的，而是"用资查考"，供全校读者借阅使用。因此，同文馆书阁实际上已具备了新型学校图书馆的性质。

同文馆书阁可以说是我国最早的大学图书馆的雏形。由于同文馆创设于京师，又是中央政府的官办学校，因此它的办学方式在全国有较大的影响。此后，各地相继创办的新式学堂、学校，大多建立了类似同文馆书阁的新型藏书楼，其中很多藏书楼日后都发展成为著名的大学图书馆。光绪二十一年（1895年）天津北洋西学学堂建立了藏书室，后来发展成北洋大学图书馆，新中国成立之后改称天津大学图书馆；光绪二十二年（1896年）上海南洋公学创办图书院，1921年后改称上海交通大学图书馆。由于同文馆于光绪二十八年（1902年）并入京师大学堂，同文馆书阁也于同年归并于京师大学堂藏书楼。1912年后京师大学堂藏书楼改称北京大学图书馆。

---

① 总理各国事务衙门奕䜣等折［M］// 朱有瓛.中国近代学制史料.上海：华东师范大学出版社，1989.

② 同文馆题名录（第四次）［M］.清光绪十二年（1886年）刊本.北京大学图书馆藏.

第二节　强学会书藏

强学会创立于光绪二十一年（1895 年），当时是变法维新运动的总机关，其发起人是维新派的领袖人物康有为、梁启超、麦孟华、杨锐等人。时值甲午战败后不久，康、梁等人为变法图强上下奔走，广造舆论。他们建立强学会的目的就是"群中外之图书器艺，群南北之通人志士，讲习其间，而因推行于直省焉"[①]。因此强学会建立了新型的图书机构——强学会书藏。

梁启超在后来追忆创办强学会及其书藏时说：

当甲午丧师之后，国人敌忾心颇盛，为全薝于世界大势，乙末夏诸先辈乃发起一政社，名强学会。彼时同人因不知各国有所谓政党，但知改良国政不可无此种团体耳。而最初着手之事业，则欲办图书馆与报馆。[②]

康有为也曾详细记述了强学会筹办书藏的经过：光绪二十一年七月，维新派人士集会，议开书藏，"各出义捐，一举而得数千金"；随后翰文斋也"愿送群书"，于是便在北京琉璃厂创建了强学会书藏。书藏成立后，英国和美国公使捐助了"西书及图器"，刘坤一、张之洞、王文韶等大员各捐了五千两银，宋庆、聂士成也捐银数千两，使书藏的"规模日廓"，成为京师颇具影响的新型图书机构。[③]

强学会书藏一建立，便仿照西方图书馆的做法，采取了对广大民众开放的姿态，并以普及新学、启迪民智为己任。由于当时的国民还不懂得利用图书馆，强学会的成员便四处邀人、甚至求人来看书。据梁启超回忆，强学会书藏成立后，"备置图书仪器，邀人来观，冀输入世界之智识于我国民。该书藏中有一世界地图，会中同人视如拱璧，日出求人来观。偶得一人来观，即欣喜无量。"[④]这种传播知识、开发民智的一片热忱，令人感动不已，已然是现代公共图书馆的姿态。

同年 11 月，有人即以"私立会党""显干例禁"为由，奏请清廷查封。强学

---

① 康有为.上海强学会后序［J］.不忍杂志（9，10）.

② 梁启超.莅北京报界欢迎会演说［M］//丁文江，赵丰田.梁任公先生年谱长编.上海：上海人民出版社，2009.

③ 康有为.记筹办书藏经过［M］//李希泌，张淑华.中国古代藏书与近代图书馆史料（春秋至五四前后）.北京：中华书局，1982：90–91.

④ 梁启超.莅北京报界欢迎会演说［M］//丁文江，赵丰田.梁任公先生年谱长编.上海：上海人民出版社，2009.

会遂被禁，前后仅存在了四个月的时间。

强学会书藏虽是个短命的组织，但影响却很大。据统计，在1896年至1898年的几年中，全国各地共成立了学会87个，学堂137所，报馆91所。[①]在这些雨后春笋般涌现的学会等组织中，很多都建立了具有近代图书馆性质的书藏或书楼。武昌质学会在其《章程》中称："今拟广搜图书，以饷学友。中书局外，兼购西书。凡五洲史籍，格致专家，律制章程，制度政典，皆储藏赅备，以资他山。"上海强学会以"开大书藏"为其主要宗旨之一，具体做法是模仿西方的图书馆："泰西通都大邑，必有大藏书楼，即中国书籍，亦藏弄至多。今合中国四库图书，购钞一份，而先搜其经世有用者。西人政教及各种学术图书，皆旁搜购采，以广考镜而备研求。其各省书局之书，皆存局代售。"衡州任学会"拟设格致书室一所，以开民智，任人观看"。[②]这些遍及全国的学会书藏和书楼的大批涌现，成为中国公共图书馆事业的先声，为20世纪初年各地公共图书馆的普遍建立奠定了良好的基础。

第三节　官书局藏书院

强学会书藏还产生了一个直接的重要结果，就是促成了官书局藏书院的创办。

强学会被查封后，引起了朝野的广泛不满，许多有识之士纷纷上书要求解禁。清廷决定将强学会改为官书局，并派吏部尚书孙家鼐任官书局督办。

孙家鼐虽然不是维新派，但却接受了一些新思想，主张兴办新式教育和创办图书馆。他反对封禁强学会，认为强学会书藏"意在流通秘要图书，考验格致精蕴"，并指出"此日多一读书之士，即他日多一报国之人"[③]。孙家鼐主持撰写的《官书局奏开办章程》中第一条便是"设藏书院"[④]。

---

① 谢灼华.中国图书与图书馆史［M］.武汉：武汉大学出版社，2005：256.

② 各学会藏书楼的藏书阅书规则［M］//李希泌，张淑华.中国古代藏书与近代图书馆史料（春秋至五四前后）.北京：中华书局，1982：100–106.

③ 孙家鼐.官书局开设缘由［M］//中国近代出版史料（初编）.北京：中华书局，1957.

④ 孙家鼐.官书局奏开办章程［M］//中国近代出版史料（初编）.北京：中华书局，1957.

按照孙家鼐的主张，总理衙门每月拨发给官书局经费一千两银，成为官书局藏书院购置图书的主要经费来源。为保证藏书（尤其是洋文图书）的质量，官书局聘请"通晓中西学问"的洋人教习帮助选购图书，并委派专职司事和译官"收掌书籍"。藏书院成立后，曾各处"咨取书籍"，"搜求有用之图书"。当时官书局藏书院的藏书主要有"列朝圣训钦定诸书及各衙门现行则例，各省通志、河槽盐厘各项政书"，以及"古今经史子集有关政学术业者"。[①]尽管收藏内容上还有官办藏书机构的不少遗风，但仍注意到新学和经世致用图书的收藏。

官书局藏书院虽然不像强学会书藏那样热衷于图书的传播，但也继承了开放的精神，"用备留心时事、请求学问者入院借观，恢广学识"[②]。因此，官书局藏书院的性质也属于近代的新型图书馆，并在某种程度上继承了强学会书藏所开创的事业。而且，由于官书局藏书院具有官办背景，其藏书之规模比强学会书藏更为宏大，社会地位也更牢固。

1898年京师大学堂成立后，官书局及其藏书院都归并于其中，成为京师大学堂藏书楼的组成部分。

第四节　古越藏书楼

在20世纪初年兴办图书馆的潮流中，得风气之先的当属东南各省，其中最为人们称道的，就是被誉为近代公共图书馆先河的古越藏书楼。

古越藏书楼的创办者是绍兴缙绅徐树兰。徐树兰，字仲凡，号检庵，浙江绍兴人，道光十七年（1837年）生，光绪二十八年（1902年）卒，终年66岁。徐氏于光绪三年（1876年）中举人，曾任兵部郎中、候选知府、盐运使等职。后以母病归乡，热心于兴办各种社会公益事业，如筹办中西学堂、修筑海堤、创设义仓和救疫局等，深孚社会重望。

徐氏创办的西方式教育机构"绍郡中西学堂"，推行新式教育，在东南产生

① 孙家鼐.官书局奏开办章程［M］//中国近代出版史料（初编）.北京：中华书局，1957.
② 孙家鼐.官书局奏开办章程［M］//中国近代出版史料（初编）.北京：中华书局，1957.

了较大影响，而后徐氏又把目光投向了西方式的图书馆，认定了开办公共图书馆这条道路。他从西方的图书馆得到了启迪："泰西各国讲求教育，辄以藏书楼与学堂相辅而行。都会之地，学校既多，大必建楼藏书，资人观览。…… 一时文学蒸蒸日上，良有以也。"因此，他"参酌各国规制"，创建了古越藏书楼。①

古越藏书楼"集议于庚子，告成于癸卯"②，亦即创办于 1900 年，建成于 1903 年。为兴办这一前无古人的事业，徐氏独家捐银八千六百余两，在绍兴城西的古贡院购地一亩六分，开工营造藏书楼。建成的古越藏书楼为四进楼房，前为藏书用的楼房，中有厅堂为公共阅览室，备有桌椅器具。楼中藏书，除徐氏家藏外，又购置了新出的译书及图书、标本、报章等，使藏书总量达七万余卷，仅书目就有三十五卷。这些费用共用银三万二千九百余两。此外徐树兰又每年捐洋一千元，作为古越藏书楼的日常开支。这些钱都是徐氏自捐或筹集的。③

遗憾的是，徐树兰没有最后看到古越藏书楼的建成开放，即于 1902 年去世。徐树兰之子徐显民继承父志，完成了古越藏书楼的建造，并对全郡开放。辛亥革命前后，古越藏书楼一度停办。1915 年，徐氏后人呈请继续开办古越藏书楼，受到当时教育部的嘉许。抗日战争前，古越藏书楼改名为绍兴县立图书馆。新中国成立之后，其藏书移交绍兴鲁迅图书馆。现在绍兴市胜利路古越藏书楼旧址尚存石库墙门和临街楼。④

徐树兰创办的古越藏书楼在我国现代图书馆史上有着特殊的地位和作用。

第一，古越藏书楼是徐氏以私人之力创办的新型公共图书馆。这在中国图书馆史上是个创举，在世界上也不多见。在中国近代图书馆事业步入实施时期之始，徐树兰以个人之力，捐巨资促进了新型公共图书馆的诞生与发展，功不可没，与美国钢铁大王卡耐基异曲同工。

第二，徐树兰打出了"存古、开新"的旗帜，为而后的图书馆广泛收集和传

---

① 徐树兰. 为捐建古越藏书楼恳请奏咨立案文［M］// 古越藏书楼书目. 崇实书局石印本，光绪三十年十月. 北京大学图书馆藏.

② 张謇. 古越藏书楼记［M］// 古越藏书楼书目. 崇实书局石印本，光绪三十年十月. 北京大学图书馆藏.

③ 徐树兰. 古越藏书楼书目序［M］// 古越藏书楼书目. 崇实书局石印本，光绪三十年十月. 北京大学图书馆藏.

④ 顾志兴. 浙江藏书家藏书楼［M］. 杭州：浙江人民出版社，1987.

播"新学图书",尤其是西方文献,开创了一个良好范例。其实,"存古"只是幌子,"开新"才是实质。古越藏书楼的贡献正在于收藏了大量时务、实业等新书,以及当时国人尚未给予应有关注的外文图书。这正是徐树兰慧眼独具之处,使古越藏书楼得以开风气之先。

第三,古越藏书楼以西方图书馆为模本,学习和借鉴了西方图书馆的制度与方法。古越藏书楼虽冠之以旧式藏书楼之名,但其性质已完全是新型的图书馆,是取法于西方而创建的公共图书机构。徐树兰对西方思想文化的理解与认识,奠定了古越藏书楼的基础,也使古越藏书楼产生了迥异于旧式藏书楼的巨大社会功用。少年蔡元培就曾在古越藏书楼担任"校书"的工作,得以博览群书,为日后成为一代大师奠定了基础。

第五讲
成熟与发展

第一节　新图书馆运动

20 世纪中国的"新图书馆运动"包括两个阶段：一是"清末新政"时期，大致从庚子事变之后到清王朝灭亡，亦即 1901 年至 1911 年前后；二是民国初期，大致相当于辛亥革命之后的北洋政府时期，亦即 1911 年至 1928 年前后，抑或再延后一段时间。

狭义的"新图书馆运动"多指民国建立后至五四运动前后开始的新型图书馆兴建和新式图书馆思潮。有人具体认定这个运动起始于 1910 年韦棣华建立文华公书林[1]，或者 1917 年韦棣华的弟子沈祖荣奔赴全国各地宣传美国式图书馆，还有人认为此运动是专指 1925 年前后庚子赔款施用于中国图书馆事业而言的[2]。这些观点均有道理和依据。不过本书旨在讲述中国图书馆的历史，从宏观的、大历史的、一以贯之的角度审读中国图书馆的产生与发展，不宜拘泥于具体的学术概念和狭义的研究范畴，因此采用了泛指而非专指的概念，与欧美学者表述西方近代"公共图书馆运动"相类似，将清末之后全国建立和普及新型图书馆的过程统称之为"新图书馆运动"。

从世界范围看，近现代图书馆的兴起，尤其是公共图书馆的出现和兴盛，起

---

① 程焕文.中国图书馆史·近代图书馆卷［M］.北京：国家图书馆出版社，2017：80.
② 范并思.20 世纪西方与中国的图书馆学［M］.北京：国家图书馆出版社，2016：207-211.

源于 19 世纪中叶在英美兴起的公共图书馆运动。[①]新型图书馆的出现，实质上是近代社会发展、公民意识崛起和民主权利诉求发展到一定阶段的产物，中国也不例外。

早在西方新学传入中国之初，一批"睁眼看世界"的士大夫就曾多方呼吁，提出了建立新型图书馆的设想。[②]维新变法时期，开明士绅和新派官员就已经尝试创建迥异于旧式藏书楼的新型图书馆，草创了强学会书藏、官书局藏书院、古越藏书楼等雏形图书馆，开一代风气之先。

1900 年发生的庚子之变，给整个国家带来了深重的灾难，也使统治集团几乎陷入了一场灭顶之灾。八国联军攻陷北京，清政府被迫签订了丧权辱国的《辛丑条约》。在穷途末路之中，慈禧太后于 1901 年在西安宣布"变通政治"，实行"新政"。1905 年，清政府又宣布"预备立宪"，实行政治改革，由此"新政"进入高潮。

清末新政时期，士绅们自发创立新式藏书楼，各地要员也纷纷奏请设立图书馆，形成了自下而上再由上而下的新图书馆运动。在此期间，全国各地陆续建立了一批新型大学图书馆和对民众普遍开放的大型公共图书馆，如京师大学堂藏书楼和各省立公共图书馆。以 1909 年京师图书馆的建立为标志，中国的图书馆事业进入了成熟的发展阶段。

1911 年，辛亥革命推翻清王朝，建立了中华民国，中国的"新图书馆运动"也进入了一个新的阶段。这一波"新图书馆运动"，肇起于 1910 年美国韦棣华女士在武昌文华大学创办的美式公共图书馆"文华公书林"，由此兴起了一场倡导模仿美国式图书馆、在全国普遍设立新式公共图书馆的高潮，也在学习西方的基础上奠定了中国图书馆学理论以及图书馆方法技术的基础。1925 年，中华图书馆协会成立，标志着民国初期"新图书馆运动"达到高潮。1927 年，韦棣华代表中华图书馆协会发起成立国际图书馆协会联合会（简称"国际图联"，IFLA），1929 年中华图书馆协会正式加入 IFLA，标志着中国的图书事业与世界接轨。至此，"新图书馆运动"的使命基本完成。

本讲着重选取了一些具有典型意义的各种类型图书馆加以介绍，包括国家图书馆（京师图书馆）、公共图书馆（京师通俗图书馆和武昌文华公书林）、大学图

---

① 参见本书第二讲第一节。

② 参见本书第三讲。

书馆（北京大学图书馆和西南联大图书馆）、私家图书馆（涵芬楼及东方图书馆）和教会学校图书馆（燕京大学图书馆），以及中华图书馆协会。这些都是清末及民国时期"新图书馆运动"有代表性的重要成果。

第二节　京师大学堂藏书楼与北京大学图书馆

旧式官办学校的藏书机构，被称为"官学藏书"。这种官学藏书的起源很早，《礼记》中就有周代"礼在瞽宗，书在上庠"[①]的记载，"上庠"就是古代的大学。西汉时期，正式建立了太学，并有专门的太学藏书，"外有太常、太史、博士之藏，内有延阁、广内、秘室之府"[②]，其中博士藏书即是专用的官学藏书。东汉时期的中央藏书机构有辟雍、东观、兰台、石室、宣明、鸿都等[③]，其中辟雍、鸿都即为中央官学的藏书机构。隋文帝时设立了国子寺，炀帝时又改为国子监，从此国子监就成为我国古代的中央大学和全国教育管理机关，其后各朝代均相沿不改。而以国子监藏书为主体的中央官学藏书体系，也就最后形成并确立下来，成为我国古代藏书事业的一个重要的组成部分。

至清朝新政期间，废科举，办学堂，旧时代官学藏书的历史使命就宣告结束了。京师大学堂藏书楼就是在这种历史背景下诞生的。清朝政府本意是将京师大学堂藏书楼作为传统官学藏书的延续来创办的，但它却成了我国新型大学图书馆的开端。因此，京师大学堂藏书楼既是封建王朝所兴办的最后一个官学藏书，也是近代教育兴起后的第一所大学图书馆；它既是我国古代官学藏书几千年历史的最后一幕，也是我国新兴的大学图书馆起步的第一篇。然而就京师大学堂藏书楼本身的性质来看，它所继承的仅仅是传统官学藏书的形式，其内涵却是按照现代教育的需要和西方式大学图书馆的模式，在一个新起点上重新探索起步的新型大学图书馆。

京师大学堂创建于光绪二十四年（1898 年）七月，是戊戌变法中的产物。

---

① 礼记·文王世子.

② 隋书·经籍一.

③ 后汉书·儒林列传.

当时的吏部尚书兼官书局督办孙家鼐任管学大臣，而京师大学堂的实际倡导者和设计者是梁启超等维新派领袖。同年九月，以慈禧太后为代表的顽固派即发动戊戌政变，各种新政、新法尽遭废黜，这时京师大学堂仅建立了两个月。尽管大学堂本身得以幸存，但兴办新式教育，广育人才、讲求时务等宗旨均已无法实现。庚子年（1900 年），义和团和八国联军先后进京，京师大学堂被迫停办。光绪二十八年（1902 年）京师大学堂复校，张百熙就任管学大臣，学校的各项教育活动逐步正规，并开始转入了近代教育的轨道。1912 年 5 月，京师大学堂改称北京大学。

学界过去认为，京师大学堂藏书楼创建于京师大学堂复校时的 1902 年，拙作《北京大学图书馆九十年记略》[①]和《从藏书楼到图书馆》[②]亦沿袭了这一论点。但近年研究发现，京师大学堂藏书楼实际上建立于 1898 年，是与京师大学堂同时问世的，是戊戌维新的直接产物。[③]

实际上，早在酝酿和筹建大学堂的初期，其首倡者和创办人就已经有了在京师大学堂建立藏书楼的具体构想。光绪二十二年（1896 年），刑部左侍郎李端棻就在梁启超参与起草的著名的《请推广学校折》中，首次提出建立京师大学，并同时提出了"设藏书楼"的主张。[④]同年，奉旨筹办京师大学堂的孙家鼐也上书皇帝，指出"仪器、图书，亦必庋藏合度"，因此京师大学堂要"建藏书楼、博物馆"。[⑤]就连光绪皇帝也发出了为京师大学堂拨款"购图书、备仪器"的上谕。[⑥]关于藏书楼主管官员的人选，清廷和管学大臣孙家鼐也做出了安排，"藏书楼提调一员：詹事府左香坊左庶子李昭炜。"[⑦]

1898 年 7 月 4 日，光绪皇帝正式下令批准设立京师大学堂，任命孙家鼐为管学大臣，并制定了《京师大学堂章程》。这份《章程》是梁启超代总理衙门起

① 吴晞.北京大学图书馆九十年记略［M］.北京：北京大学出版社，1992：8.

② 吴晞.从藏书楼到图书馆［M］.北京：书目文献出版社，1996：59.

③ 姚伯岳.在古籍编目中发现京师大学堂藏书楼的源头［J］.大学图书馆学报，2013，31（6）：103–108.

④ 李瑞棻.请推广学校折［M］//舒新城.中国近代教育史资料（上册）.北京：人民教育出版社，1961.

⑤ 孙家鼐.议复开办京师大学堂折［M］//戊戌变法.上海：上海人民出版社，1972.

⑥ 清朝续文献通考·卷一〇六.

⑦ 国闻报.光绪二十四年（1898 年）六月初三.

草的，其中把藏书楼的建设放置在十分重要的地位。《章程》对藏书楼的体制和经费预算做了种种具体规定。《京师大学堂章程》是中国近代高等教育史上成文最早、影响最大的官方正式文献，同时也是中国近代图书馆史，尤其是大学图书馆史上最早、最完备的建馆章程。

在京师大学堂成立的同时，官书局也并入了大学堂。这样，原强学会书藏和官书局藏书院的图书也归到了京师大学堂名下，成为京师大学堂的第一批藏书。可惜的是，这些珍贵的图书大都在庚子事变中被毁了。

光绪二十八年（1902年）一月，迫于朝野上下维新变法的压力，清政府下令恢复已停办两年之久的京师大学堂，并任命张百熙为管学大臣。张氏是一位具有开明思想的教育家，他受命为管学大臣后，马上就把筹办藏书楼列为恢复京师大学堂的一个重要内容。他在《奏办京师大学堂》的奏折中提出"书籍仪器宜广扩也"的建议。[1]

由张百熙主持制定的《钦定京师大学堂章程》也继承了原《京师大学堂章程》中重视藏书楼建设的精神。张氏的《章程》中把学堂中应有设备的第一项就列为图书，还正式规定"设藏书楼、博物馆提调各一员，以经理书籍、仪器、标本、模型等件"。同时还把重建藏书楼房舍列入《章程》，准备"于空旷处择地建造"。[2]

京师大学堂创办之初的校址在地安门内马神庙（今景山东街）前的和嘉公主旧第，亦称四公主府。这座宅第的中心是一个大殿，殿中供奉着孔子的神位。大殿的后方有一座小楼房，相传是和嘉公主的梳妆楼，这里就是京师大学堂藏书楼的所在地。

藏书楼的主管人当时叫提调官。提调官系沿用古代的官职名称，明清以来任提调职的多是管理文化和教育事务的官员，如提调学校官、军机处番书房提调官、武英殿修书处提调官等，品级没有定制。京师大学堂中的提调官，是仅次于管学大臣和总办的学官，共设有10人左右，分为两种不同的类型：一是协助总办处理日常工作和学生事务的，称"堂提调"；二是分管各项专门事务的，藏书楼提调即属此类。

---

[1] 张百熙.奏办京师大学堂［M］//舒新城.近代中国教育史料（一）.北京：中国人民大学出版社，2012.
[2] 张百熙.钦定京师大学堂章程［M］//舒新城.近代中国教育史料（一）.北京：中国人民大学出版社，2012.

1903 年，清政府颁布全国高等教育纲领《奏定大学堂章程》，其中规定：全国大学堂的藏书机构统称图书馆，主管人为图书馆经理官。这是官方文件中首次使用"图书馆"的名称。但是在京师大学堂，人们仍习惯沿用"藏书楼"的旧称。当时的做法是：于楼额仍沿用"藏书楼"之名，而于章程则标为"图书馆"。而藏书楼的主管人，则从 1904 年起改为图书馆经理官。[①]我们今天所说的京师大学堂藏书楼，也是指整个京师大学堂时期的藏书机构，亦即从藏书楼建立到 1912 年改称北京大学图书馆的整个时期。

京师大学堂复校后，就开始了建设藏书的活动。1902 年，同文馆归并于京师大学堂，后改为京师大学堂译学馆。同文馆书阁，这所我国早期雏形的大学图书馆，其藏书成为京师大学堂复校后的第一批图书。

为了充实藏书，按照管学大臣张百熙的意见，从 1902 年初，就以官方征调的名义，收集各省官书局的图书。经清廷批准后，由管学大臣行文："迅饬官书局将已列各种经史子集以及时务新书，每种提取十部或数部，刻日赍送来京，以备归入藏书楼存储。……统归本省书局项下报销。"[②]一般说来，只有国家图书馆才有权以国家政权名义在全国无偿征调图书；在当时中国没有国家图书馆的情况下，京师大学堂藏书楼实际上居于与国家图书馆相当的地位，才有可能这样做，并在多年中实际担负着收集和保存官方出版物这一国家图书馆的职能。

这种方法收效很大，1902 年当年就收到了江苏、广东、湖北、湖南、浙江等省官书局的大批图书。再加上采买了一部分中外典籍，藏书楼初建时图书可达 78000 册左右。[③]当时从各地征调的图书，大部分是经史子集旧籍，以及各省的地方文献等。但其中也有很多新学图书，即所谓"时务新书"，如驻日使馆和留日学生编译的《东三省铁路图》《悉毕利（西伯利亚）铁路图》等，都是由各省官书局刻印后送到京师大学堂的。[④]

除了从各省官书局征书，京师大学堂藏书楼还十分注重采购民间的书籍。1903 年就曾派人专程到南方各省采买书籍。此后还通过各种方法访求民间图书。

① 大学堂续订图书馆章程［M］.北京大学图书馆藏.
② 京师大学堂档案（第 24 卷）.北京大学档案室藏.
③ 国立北京大学廿周年纪念册［M］.1918 年刊本.北京大学图书馆藏.
④ 京师大学堂档案（第 36 卷）.北京大学档案室藏.

经过数年的努力，收获很大，购置了大量民间刻印和流传的重要图书，其中包括许多宋元刻本、明清抄本等罕见珍品。

作为最高学府的藏书机构和享誉一时的图书馆，京师大学堂藏书楼还接受了许多官方和个人的馈赠。例如：1903 年和 1904 年，外务部拨来《海关贸易通商总册》和《古今图书集成》各一部；1904 年，巴陵方氏捐赠了碧琳琅馆藏书；1910 年，清廷赏赐了《大清会典》三部，等等。[①]这些捐赠的图书也是京师大学堂藏书楼重要的藏书来源，其中不乏其他途径采访不到的珍品。

经过多年的积累和建设，京师大学堂藏书楼具有了雄厚的馆藏基础，无论是古籍善本，还是西学图书，当时都处于全国领先的地位。从 1910 年图书馆经理官王诵熙主持编撰的《大学堂图书馆汉文图书草目》看，截止 1909 年，仅中、日文图书就有 8000 余种。[②]

京师大学堂藏书楼丰富的藏书，受到了师生们的欢迎，也为这所新创立的大学图书馆带来了声誉。清末有一位名叫陈汉章的举人，原被京师大学堂聘为教席，但他到校后发现藏书楼的收藏十分丰富，就毅然决定不做教席而当学生，以求尽览藏书楼的书籍。经过六年的学习钻研，陈汉章于民国二年（1913 年）以甲等第一名毕业，后来成为著名的国学大师。他的研读精神和成才经历，曾传为京师大学堂藏书楼的一段佳话。

京师大学堂藏书楼的建立与发展，是我国近代图书馆史上的一件大事，对我国新式图书馆的成熟与完善有着极大的影响。当时它虽然名为藏书楼，但其性质已完全是新型的大学图书馆。如果从其前身同文馆书阁和强学会书藏算起，它就是我国近代自行创办的最早的新式图书馆，也是当时规制最完备、影响最广泛的图书馆。由于京师大学堂有着全国最高学府的地位，使得京师大学堂藏书楼在我国图书馆发展史上的作用远远超过了当时的一些传教士、学堂或开明缙绅所创办的新式图书馆。在 1909 年京师图书馆（今国家图书馆）正式成立之前，京师大学堂藏书楼实际上是我国新型图书馆的一面旗帜和楷模。从各地官书局缴送图书的情况看，京师大学堂藏书楼也在实际上履行着国家图书馆的职能。

---

① 国立北京大学廿周年纪念册［M］.1918 年刊本.北京大学图书馆藏.
② 大学堂图书馆汉文图书草目［M］.北京大学图书馆藏.

京师大学堂藏书楼在我国高校图书馆发展史上的作用尤为关键。由于京师大学堂兼有最高学府和全国教育管理机关的双重地位，所以它的办校、办馆方式，实际上成了全国院校的一个范例。诚如当年梁启超等人所期望的，京师大学堂藏书楼起到了"以广天下风气"的作用。此后，办学堂必建图书馆，建图书馆必取法于京师大学堂藏书楼——此种认知，在当时兴办新式教育的潮流中已蔚成风气。这种局面的形成，是与京师大学堂藏书楼的作用和影响分不开的。

辛亥革命后的 1912 年，京师大学堂藏书楼更名为北京大学图书馆。

民国初期的北京大学，总体上还处于落后的状态，封建官僚积习极为浓厚。图书馆也相应发展迟缓，管理混乱，服务滞后。当时的师生批评图书馆"藏置无多，而办理无方，难厌自修者之望"[①]。据记载，北大图书馆民国元年（1912 年）的购书经费只有三点五两银，民国三年（1914 年）只有 68.8 元，而民国二年（1913 年）却有 13108.5 元，可见经费只是每年酌情拨发，数量很少，且极不稳定。[②] 这种状况，直到蔡元培出任北京大学校长、李大钊出任北大图书馆馆长后，才得到彻底改观。

蔡元培（1868—1940），字鹤卿，号孑民，绍兴山阴人，是著名民主革命家、思想家和教育家。少年时曾在古越藏书楼校书，得以博览群书，接触新学，了解图书馆。清末曾中进士，任翰林院编修。早年积极从事教育活动，参加孙中山领导的反清民主革命。辛亥革命后出任南京临时政府第一任教育总长。

蔡元培 1916 年被任命为北京大学校长，1917 年初到任。到任后，蔡元培对北京大学进行了大刀阔斧的整顿和改革，聘请了陈独秀、胡适、李大钊等一批有学识的新派学者任教，建立了一整套现代大学制度，提倡思想自由、兼容并包。通过蔡元培的鼎力革新，北京大学成功完成了向现代大学的转变，在全国教育界、学术界和思想界产生了愈加重大的影响，为新文化运动和五四运动做出了重大贡献。

蔡元培还是一位热心图书馆的学者和教育家。他早年就曾在故乡古越藏书楼受到图书馆的启蒙，提倡"自由读书"的精神。在毕生的著作和演讲中，蔡

---

① 国立北京大学廿周年纪念册［M］.1918.北京大学图书馆藏.

② 周君南.本校图书馆改良刍议［D］.北京大学日刊，1918 年 3 月 23 日–4 月 9 日.

元培多次阐述图书馆的重要作用，倡导"无人不当学，无时不当学"①，因此主张大力建设图书馆。1912 年他出任教育总长后，所拟定的教育规划中，就有把建设大学图书馆作为"革新之起点"的方针。就职北京大学校长伊始，他提出："余到校视事仅数日，校事多未详悉。兹所计划者二事：一曰改良讲义，……二曰添购书籍。"②

蔡元培改进北大图书馆最为得力的措施，是聘任年仅 30 岁的青年学者李大钊出任图书馆馆长。后来北大评议会还通过决议，"图书馆主任改为教授"，使李大钊成为教授兼图书部主任。这里需要说明的是，从 1920 年开始，北大图书馆同时使用"北京大学图书部"的名称，大约延续了十年。这是因为校长蔡元培对北京大学的体制做出了改革，图书馆隶属总务处，而总务处下还有出版部、注册部、庶务部等机构，为统一规范而有了"图书部"之称。但北京大学图书馆的名称并没有被取代，对外的正式场合仍以"图书馆"称之。③

李大钊（1889—1927），字守常，河北乐亭人，是中国共产主义运动的先驱，也是中国共产党的主要创始人之一。早年留学日本早稻田大学，参加爱国学生运动，回国后又积极参加了正在兴起的新文化运动。俄国十月革命后，李大钊成为中国最早的马克思主义者和共产主义者，也是五四运动的组织者和领导者之一。中国共产党成立后，李大钊主要负责北方区的工作。1927 年 4 月，在北京被奉系军阀张作霖杀害。

李大钊不仅是一位杰出的革命家，同时也是成就卓著的图书馆学家，对我国图书馆学的研究和发展做出了许多重要的贡献。任北大图书馆馆长期间，李大钊发表了《在北京高等师范学校图书馆二周年纪念会的演说辞》《美国图书馆员之训练》《关于图书馆的研究》等一系列图书馆学的重要论文，最早从理论上对我国图书馆、尤其是大学图书馆的许多重大理论问题，做了深入的研究和探讨，提出了许多深有影响的见解。同时，他还十分注意了解美国、英国、日本等国家的图书馆情况，以吸收先进的经验和方法。李大钊所做的这些研究，实际上代表着当时中国图书馆界的最高水平。

① 蔡元培全集（第 2 卷）[M].北京：中华书局，1984.
② 蔡元培全集（第 3 卷）[M].北京：中华书局，1984.
③ 吴晞.北京大学图书馆九十年记略 [M].北京：北京大学出版社，1992：25.

更为重要的是，李大钊还是中国现代大学图书馆的奠基者和北京大学图书馆的杰出领导人。李大钊是经原图书馆馆长章士钊的推荐、由校长蔡元培聘请而出任北京大学图书馆馆长的。从 1918 年 1 月至 1922 年 12 月，李大钊任此职共有5 年时间。在此期间，他对北大图书馆进行了一系列的整顿和改革，将其建设成为在全国处于领先地位的、具有重大影响的一流大学图书馆。

正是有了蔡元培、李大钊这样杰出的领导，北京大学图书馆在五四运动前后进入了一个黄金时代。1920 年《申报》曾称："北京大学自蔡孑民任校长以来，特任李大钊氏任图书馆馆长。李氏本为社会学专家，对于增进文化事业，昕夕筹思，不遗余力，接办之后，即从整理着手，凡编制目录、改良收藏及陈列诸事，无不积极进行。"① 也正是因为李大钊在北大图书馆的卓越建树，《世界图书情报百科全书》称他为"中国现代图书馆之父"②。

在李大钊出任馆长期间，把北大图书馆办成了传播新思想、新文化和宣传马克思主义的阵地。图书馆一扫以往因循守旧、死气沉沉的局面，购买了一大批国内外进步书刊，其中有《新青年》《劳动者》《先驱》、*Soviet Russia*、*The New Russia*、*Communist* 等十余种进步杂志，以及德文版的《共产党宣言》《政治经济学批判》，日文版的《资本论》《资本论大纲》《马克思传》等 40 余种马列主义的著作。为了更好地宣传和流通这些书刊，李大钊经常以图书馆的名义在《北京大学日刊》上进行指导和推荐，同时还开辟了介绍马克思主义和俄国革命的专题阅览室。如 1920 年 12 月 1 日的《北京大学日刊》上曾刊登了《图书馆典书课通告》："兹将本校所藏有关俄国革命题之参考书二十三种，陈列本课第四阅览室内，以备同学诸君披阅。"这二十三种书中，有英文版的《布尔什维克的胜利》《列宁和他的工作》《无产阶级的伟大革命》《俄国布尔什维克》等。③

在李大钊的领导下，北大图书馆实际上成了我国最早的宣传、介绍马克思主义和俄国革命的思想阵地，是马克思主义在中国传播的起点之一；同时，李大钊也是在任北大图书馆主任期间完成了向共产主义者的转变，成为我国最早的马克

---

① 申报［D］.1920 年 8 月 15 日.

② ALA World Encyclopedia of Library and Information Services. American Library Association. 1980.

③ 吴晞.北京大学图书馆九十年记略［M］.北京：北京大学出版社，1992：32-51.

思主义者。正如 1927 年在武昌追悼李大钊的大会上高一涵所说："入北大任图书馆主任，兼授唯物史观及社会进化史，此为先生思想激变之时。"①

1920 年 10 月，北京共产主义小组（当时称北京共产党小组）就是由李大钊主持，在北大图书馆主任室成立的。北京大学社会主义研究会、北京大学马克思学说研究会、少年中国学会、《每周评论》编辑部等，也以北大图书馆为主要活动地点。

在李大钊的指导和支持下，一些进步学生于 1920 年底成立了"北京大学马克思学说研究会"，并建立了专门收藏马列主义文献的藏书室，取名为"亢慕义斋"。"亢慕义"即英文"Communism"（共产主义）的音译。曾经参与其事的当时北大学生罗章龙，在《亢斋回忆录》中对此有过一段具体生动的描述：

守常先生领导我们建立的"亢慕义斋"，既是图书馆又是翻译室，还做学会办公室，党支部与青年团和其它一些革命团体常在这里集会活动。……"亢斋"室内墙壁正中挂有马克思像，像的两边贴有一付对联："出研究室入监狱，南方兼有北方强"，还有两个口号："不破不立，不立不破"，四壁贴有革命诗歌、箴语、格言等，气氛庄严，热烈。②

现在北大图书馆还保存有一批盖有"亢慕义图书馆"印章的图书，都是极为宝贵的文献。从 1922 年 2 月的统计中可知，当时亢慕义斋已有马克思主义的英文书籍 40 余种、中文书籍 20 余种，基本上包括了马克思、恩格斯、列宁的主要代表著作。③ 此外，现存于北大图书馆的有 8 本盖有"亢慕义斋图书"的德文共产主义文献，据说是由共产国际代表维经斯基等人秘密送与李大钊的。④ 在五四前后，马克思主义学说刚刚传入中国的时候，"亢慕义图书馆"即已有了如此完整系统的马列主义文献收藏，实属难得。这些图书直接影响了一大批追求进步的青年，他们当中有邓中夏、罗章龙、毛泽东、张国焘、刘仁静、张申府、高君宇、何孟雄等，他们中的很多人后来都成为中国近现代史中的风云人物。

在蔡云培和李大钊等先辈的领导下，北京大学图书馆在抗战前已堪称国内一

① 民国日报（汉口）［D］，1927 年 5 月 24 日
② 罗章龙.亢斋回忆录［M］//回忆李大钊.北京：人民出版社，1980.
③ 北京大学日刊［D］.1922 年 2 月 6 日.
④ 肖超然，等.北京大学校史［M］.北京：北京大学出版社，1988.

流的图书馆，并跻身世界先进行列。

1937 年，抗日战争爆发，北京大学南迁，几经动荡，于 1938 年在昆明与清华大学、南开大学一起建立了西南联合大学，同时建立了西南联大图书馆。抗战胜利后的 1946 年，北京大学在北平复校，图书馆也从昆明回迁，同时接收了沦陷区的北大图书馆。

1952 年全国院系调整，北大图书馆迁至燕园的原燕京大学图书馆馆舍。1975 年，图书馆新馆建设完工，面积达 2.4 万平方米，邓小平题写了馆名。2005 年，扩建的西楼工程完成，总馆面积达到 5.3 万平方米。

现在北京大学图书馆以世界一流大学图书馆的面貌呈现于世人面前。截至 2015 年，图书馆纸质文献资源累积量约 800 余万册（件），以及大量引进和自建的国内外数字资源，包括各类数据库、电子期刊、电子图书、多媒体资源和学位论文约 300 余万册（件）。馆藏中以 150 万册中文古籍为世界瞩目，其中 20 万件 5 至 18 世纪的珍贵书籍，是中华民族的文化瑰宝，被国务院批准为首批国家重点古籍保护单位。外文善本、金石拓片、1949 年前出版物的收藏，均名列国内图书馆前茅，为研究家所珍视。此外，还有燕京大学学位论文、名人捐赠等特色收藏。①

第三节　各省官办公共图书馆及京师图书馆

在我国现代图书馆发展史上，真正奠定新型图书馆基础，起到了划时代作用的，当属各地区（尤其是省一级）官办大型公共图书馆和国家图书馆的建立。因为，面向整个地区乃至全国的大型公共图书馆是整个图书馆事业的中枢和基础，也是国家图书馆事业崛起和形成的标志。而兴办这样的大型图书馆，又决非私家或民间团体之力所能办到，只能依靠政府兴办和公费支持才能实现。

从 20 世纪初年开始，中国进入了史称"清末新政"的时期。正是在这样的

---

① 北京大学图书馆概况与历史 . [EB/OL] . [2018-01-29] .http://www.lib.pku.edu.cn/portal/cn/bggk/bgjs/lishiyange.

历史背景下，兴起了中国历史上的第一次"新图书馆运动"。当时无论是中央政府的亲贵重臣及学部，还是各个地方督抚，都纷纷上奏设立图书馆。清政府也正式将建立京师和各行省图书馆列入了"预备立宪"的内容。从这时起，建设图书馆就变成了"官制"，也就是政府兴办的国家行为，不再是开明士绅倡导的民间活动，也不仅仅是开办新式学堂教育的附属物。

顺乎其势，在20世纪初年，各省的官办公共图书馆如同雨后春笋，相继在各地出现。这是在西方涌来的新思潮的推动下所产生的瓜熟蒂落的效应，也是几代有识之士多年奔走呼号、不懈奋斗的结果。新型公共图书馆成为"清末新政"得以留存下来的为数不多的有益成果之一，为衰朽的清王朝涂抹了最后几点亮色。

新式图书馆，尤其是各地官办公共图书馆的诞生，标志着中国图书馆事业从酝酿时期，萌芽时期，进入了全面的实施时期。这一时期各地建立的官办大型图书馆不下20所，主要情况如表5-1所示。

表5-1 清末主要官办公共图书馆一览表 [1]

创办时间	名称	地点	创办人	备注
1903 年	浙江藏书楼	杭州	张享嘉	1909 年改称浙江图书馆
1904 年 3 月	湖南图书馆兼教育博物馆	长沙	庞鸿书	1905 年正式定名为湖南图书馆
1904 年 8 月	湖北图书馆	武昌		
1904 年	福建图书馆	福州		
1907 年	江南图书馆	江宁（南京）	端方、缪荃孙	
1908 年 10 月	直隶省城图书馆	天津	卢靖	
1908 年	黑龙江图书馆	齐齐哈尔	徐世昌、周树模	
1908 年	奉天省城图书馆	奉天（沈阳）	张鹤龄	
1909 年 2 月	山东图书馆	济南	袁树勋	
1909 年 2 月	河南图书馆	开封	孔祥霖	
1909 年 5 月	吉林图书馆	吉林	锡良、陈昭常	
1909 年 7 月	京师图书馆	北京	张之洞、缪荃孙	
1909 年	陕西图书馆	西安	恩寿	

---

[1] 吴晞.从藏书楼到图书馆［M］.北京：书目文献出版社，1996：81.

续表

创办时间	名称	地点	创办人	备注
1909 年	归化图书馆	归化	三多	
1909 年	云南图书馆	昆明	沈秉堃	1910 年 3 月正式开馆
1909 年	广东图书馆	广州	沈曾桐	由张之洞创办的广雅书局藏书楼扩建而成
1909 年	山西图书馆	太原	宝棻	
1910 年	广西图书馆	桂林	张鸣岐	
1910 年	甘肃图书馆	兰州	陈曾佑	
1910 年	上海图书馆	上海	盛宣怀	

在这些大型官办公共图书馆中，实力最雄厚、影响最大的是南京的江南图书馆和北京的京师图书馆。这南北两大图书馆的实际创建人，都是我国近代著名的图书馆学家缪荃孙。

缪荃孙，字炎之，一字筱珊，又作小山，晚年号艺风，江苏省江阴县人。道光二十四年（1844 年）生，1919 年卒，享年 76 岁。他是清末著名的史学家、教育家，也是功勋卓著的藏书家、目录学家和图书馆学家。缪荃孙青年时即致力于考据学、目录学和金石学。同治六年（1867 年）中举，光绪二年（1876 年）中进士，任翰林院编修，供职于史馆。其间曾被招入张之洞幕府，为张氏撰写《书目答问》。缪氏毕生酷爱图书，学识渊博，著述颇多，其中很多都是有关图书和目录学的。除在近代学术界影响极大的《书目答问》外，还有《艺风堂藏书记》《艺风堂读书记》《盛氏愚斋图书馆藏书目录》《京师图书馆善本书目》《各省志书目》《宋元本留真谱》等，堪称一代宗师。他的个人收藏"艺风堂藏书"，经长期搜求，珍善本极丰，全盛时曾达十多万卷。

江南图书馆创建于光绪三十三年（1907 年）。是年，缪荃孙受两江总督端方的委派，出任江南图书馆监督。据缪氏自述："午帅（端方）奏派主图书馆事。十日，偕陈善馀赴浙，购八千卷楼藏书，以七万元得之。丁氏书旋陆续运江宁。"[①]这里所说的就是著名清末四大藏书楼之一的丁氏八千卷楼，这批珍贵的图书奠定了江南图书馆的藏书基础。此后，又陆续购买了许多图书，并接收清廷拨发的《古

---

① 筹办江南图书馆、京师图书馆纪事［M］// 李希泌，张淑华.中国古代藏书与近代图书馆史料（春秋至五四前后）.北京：中华书局，1982：140-141.

今图书集成》等，使江南图书馆的藏书日益丰富，在东南各省中产生了很大的影响。清廷学部曾称："各省设立图书馆，在宪政筹备之内，江南最为完备，经费颇省，来阅览者亦多。"①可见江南图书馆是各省图书馆中的佼佼者，受到了当时朝野普遍的关注。

1912 年，江南图书馆改称江南图书局，又改称江苏省立图书馆。民国期间，该馆曾多次易名，有江苏省立第一图书馆、第四中山大学图书馆、江苏大学国学图书馆、中央大学国学图书馆、江苏省立国学图书馆等称。新中国成立后，该馆与南京图书馆合并，现为南京图书馆古籍部。

在我国现代图书馆事业史上产生了划时代作用和最重要影响的事件，当首推京师图书馆的创建。如果说京师大学堂藏书楼是戊戌维新的直接结果，那么京师图书馆就是"清末新政"和"预备立宪"的直接产物。

在首都设立国家图书馆的构想由来已久，郑观应、李端棻、梁启超等人都曾倡导过建立全国性的大型图书馆。然而由于历史的原因，国家图书馆的出现却明显落后于各省的官办图书馆。光绪三十二年（1906 年），罗振玉写了《京师创设图书馆私议》一文，再次比照西方诸国提出倡议："方今欧、美、日本各邦，图书馆之增设与文明之进步相追逐，而中国则尚阒然无闻焉。鄙意此事亟应由学部倡率，先规划京师之图书馆，而推之各省会。"并同时提出了择地建筑、请赐书、开民间献书之路、征取各省志书及古今刻石、置写官、采访外国图书等六项建议。②至宣统元年（1909 年），清廷为了筹备立宪，学部于当年三月写出了《奏分年筹备事宜折》，提出于宣统元年"京师开办图书馆"和"颁布图书馆章程"的计划。③这样，创办京师图书馆就成为预备立宪的内容，被正式列入政府日程。

筹建京师图书馆之事，由学部大臣张之洞主持。据《张文襄公年谱》记载，宣统元年七月，张之洞病重，弥留之际呈上了《学部奏筹建京师图书馆折》，是张之洞生前的最后一个奏折。④此项奏议于同年八月初五获清廷批准，是为京师

---

① 学部官报第 100、150 期.（台湾）"国立"故宫博物馆，1980.

② 罗振玉. 京师创设图书馆私议［M］// 李希泌，张淑华. 中国古代藏书与近代图书馆史料（春秋至五四前后）. 北京：中华书局，1982：123.

③ 学部官报第 85 期.（台湾）"国立"故宫博物馆，1980.

④ 许同莘. 张文襄公年谱［M］// 李希泌，张淑华. 中国古代藏书与近代图书馆史料（春秋至五四前后）. 北京：中华书局，1982：132.

图书馆正式诞生的标志。

缪荃孙被委任为京师图书馆监督（馆长）。缪氏接到任命后，当即赴江南协商购买常熟瞿氏的"铁琴铜剑楼"藏书。当时京师图书馆没有专门的馆舍，缪荃孙等人只能在城北广化寺整理图书。[①]据现在所知，最初入藏的有翰林院和国子监的藏书及内阁大库残本；调集的各省官书，还征调了翰林院《永乐大典》、库伦"唐开元御制故阙明特勤碑拓片"、敦煌经卷、常熟瞿氏藏书、湖州姚氏藏书、扬州徐氏藏书等善本入藏。京师图书馆中设正副监督各一人，提调四人。馆内事务分为典藏科、检查科、文牍科、庶务科四科，各科设正副科长各一人，科员、写官若干人。馆内没有正式的预算经费，用费均由学部请领，每月约千两银左右。[②]

京师图书馆创建的第二年，宣统二年（1910年），学部拟定的《京师图书馆及各省图书馆通行章程》正式颁布。这是我国第一个官方图书馆法规，也是我国图书馆史上的一件大事。该章程开宗明义，第一条即指出："图书馆之设，所以保存国粹，造就通才，以备硕学专家研究学艺、学生士人检阅考证之用，以广征博采、供人浏览为宗旨。"[③]应该说，这一思想是深得新型图书馆之精髓的。章程中对各种公共图书馆的收藏范围、职责、管理制度、流通方法等，均做了详明的规定，是我国图书馆事业成熟的集中体现。

以京师图书馆的建立和《京师图书馆及各省图书馆通行章程》的颁布为标志，中国的图书馆走完了从藏书楼到图书馆的曲折历程，由此完成了量变到质变的飞跃，一个新型的、西方式的、迥异于几千年藏书楼传统的近代图书馆事业宣告诞生。

辛亥革命之前，京师图书馆处于搜求、整理图书的筹办阶段，一直没有对读者开放；原拟位于德胜门内净业湖的新馆也一直没有建成，暂借什刹海北岸的广化寺为馆址。

民国建立后，京师图书馆于1912年8月正式开馆。1917年，移至方家胡同

---

① 艺风老人年谱［M］//李希泌，张淑华.中国古代藏书与近代图书馆史料（春秋至五四前后）.北京：中华书局，1982：140–141.

② 学部奏筹建京师图书馆折［M］//李希泌，张淑华.中国古代藏书与近代图书馆史料（春秋至五四前后）.北京：中华书局，1982：132–134.

③ 京师图书馆及各省图书馆通行章程［M］//李希泌，张淑华.中国古代藏书与近代图书馆史料（春秋至五四前后）.北京：中华书局，1982：128–131.

原国子监南学旧址。1928年7月,更名为国立北平图书馆,馆舍迁至中南海居仁堂。1929年8月与北平北海图书馆合并,仍名国立北平图书馆。1931年,文津街馆舍(现古籍馆)落成,成为当时国内规模最大、最先进的图书馆。

1950年,更名为国立北京图书馆。1951年,更名为北京图书馆。1987年,白石桥新馆建成开放,邓小平题写馆名。1998年,北京图书馆更名为国家图书馆,对外称中国国家图书馆。2008年,国家图书馆二期工程暨国家数字图书馆(现称总馆北区)建成并投入使用。至此,国家图书馆建筑面积增至25万平方米,居世界国家图书馆第三位。

国家图书馆馆藏宏富,品类齐全,古今中外,集精撷萃。馆藏文献超过3500万册件,并以每年百万册件的速度增长。馆藏总量位居世界国家图书馆第七位,其中中文文献收藏世界第一,外文文献收藏国内首位。馆藏继承了南宋以来历代皇家藏书以及明清以来众多名家私藏,最早的馆藏可远溯到3000多年前的殷墟甲骨。珍品特藏包含敦煌遗书、西域文献、善本古籍、金石拓片、古代舆图、少数民族文字古籍、名家手稿等280余万册件。"敦煌遗书""赵城金藏"、《永乐大典》、文津阁《四库全书》被誉为国家图书馆"四大专藏"。[1]

第四节 京师通俗图书馆及各地通俗图书馆

辛亥革命后,民国政府成立教育部。蔡元培出任首任教育总长,大力提倡社会教育和平民教育,倡导建立通俗图书馆。1915年,教育部颁布了《通俗图书馆章程》。

京师通俗图书馆(今首都图书馆前身)是教育部于1913年筹建的,在民国早期公共图书馆中颇具代表意义。

京师通俗图书馆最早设于宣武门大街租赁的民房内,除阅览室外,还附设公共体育馆和新闻阅览处。后来经费稍有宽裕,又添设儿童阅览处一所。[2]鲁迅当

---

① 国图概况 [EB/OL]. [2018-01-29]. http://www.nlc.cn/dsb_footer/gygt/lsyg/index_2.htm.
② 京师通俗图书馆成立之经过 [M] // 李希泌, 张淑华. 中国古代藏书与近代图书馆史料(春秋至五四前后). 北京: 中华书局, 1982: 266.

时在教育部具体分管图书馆，对京师通俗图书馆给予了充分肯定和大力支持。

因财政困难，京师通俗图书馆开设之初极为简朴，只有工作人员12人，藏书8150种、42684册，杂志290种、1793册，报纸27种。[①] 但京师通俗图书馆以启发民众普通必要知识为主，采集的图书通俗易晓，受到民众普遍欢迎。时人曾将京师图书馆与京师通俗图书馆做了比较："京师图书馆阅书人数，本馆不如分馆，分馆不如通俗图书馆。"[②] 据统计，京师通俗图书馆日均阅览人数约620人，全年超过20万，远远超过了当时一般图书馆的数字。[③] 而且京师通俗图书馆完全免费借阅，"阅览者领卷入场，毋庸纳资"[④]，吸引了大量普通市民读者。

与此同时，通俗图书馆也在全国各地兴起，一时蔚成风气。据《教育公报》统计，当时全国21个省有通俗图书馆237所，以湖北、奉天为数较多。

表5-2　各省通俗图书馆调查表[⑤]

所属	几处	全年经费	藏书部数	每日平均阅览人数	备考
直隶	4	800	900	59	皆系公立
奉天	35	7000	7500	900	皆系公立
吉林	3	600	700	90	皆系公立
黑龙江	3	600	650	85	皆系公立
山东	23	9400	10000	1500	省立，一处规模宏大，每日阅书者千余人
河南	22	8200	9000	1050	省立，一处每日阅书者约600人
山西	9	2250	2700	300	公立6处、私立3处
江苏	5	1500	1600	180	公立3处、私立2处
安徽	4	100	1200	120	皆系公立
江西	5	1250	1500	125	皆系公立

① 程焕文.中国图书馆史·近代图书馆卷［M］.北京：国家图书馆出版社，2017：91.

② 庄俞.参观北京图书馆纪略［M］//李希泌，张淑华.中国古代藏书与近代图书馆史料（春秋至五四前后）.北京：中华书局，1982：209.

③ 范并思.20世纪西方与中国的图书馆学［M］.北京：国家图书馆出版社，2016：185.

④ 庄俞.参观北京图书馆纪略［M］//李希泌，张淑华.中国古代藏书与近代图书馆史料（春秋至五四前后）.北京：中华书局，1982：209.

⑤ 教育公报（第3年第10期）［M］//李希泌，张淑华.中国古代藏书与近代图书馆史料（春秋至五四前后）.北京：中华书局，1982：256.

续表

所属	几处	全年经费	藏书部数	每日平均阅览人数	备考
福建	21	500	200	60	皆系公立
浙江	21	4200	5350	600	公立9处、私立12处
湖北	44	13800	18000	1800	省立，一处规模宏大，阅书者每日平均600人
湖南	14	2800	3500	380	皆系公立
甘肃	2	500	600	50	皆系公立
新疆	4	800	1200	100	皆系公立
四川	4	1200	1600	150	公立3处、私立1处
广东	6	1500	1800	200	公立5处、私立1处
广西	1	250	300	30	公立
云南	6	1200	1500	180	皆系公立
热河	1	200	300	25	公立

与通俗图书馆同时兴起的是巡回文库和公众阅报所。

巡回文库始于清末，类似于现在的流动图书馆，民国初年亦称"巡行文库"，巡回文库作为通俗教育和通俗图书馆的组成部分，在全国迅速兴起，在开发民智、普及教育方面发挥了重要作用。

表5-3　1916年部分省区巡回文库调查 [①]

所属	几处	经费	图书数目	每星期由总部分送各处次数	每日平均阅览人数	备考
奉天	17	1710	每所354种	1	7400	每处常年费100元
江苏	4	400	每所338种	2	400	每处常年费100元
四川	1	100	400种	1	120	每处常年费100元
甘肃	4	320	每所300种	1	200	每处常年费80元
云南	4	320	每所420种	1	140	每处常年费80元

公众阅报所即专门的报刊阅览室，是通俗图书馆和巡回文库的补充，民国初年得到较快发展。当时公众阅报所很普遍，据不完全统计，1916年全国24个省

---

① 教育公报（第3年第10期）[M] // 李希泌，张淑华. 中国古代藏书与近代图书馆史料（春秋至五四前后）. 北京：中华书局，1982：257.

市有 1808 个公众阅报所，每个公众阅报所平均有报纸 10 多种，每日阅报者不少于数十人。^①

1928 年，国民政府通令各省、县设立民众教育馆。民众教育馆虽设有图书阅览室，但实际上取消了通俗图书馆的独立建制。1936 年，李小缘在总结十年图书馆事业时，指出撤销通俗图书馆是"失当之举"^②。

通俗图书馆及巡回文库、公众阅报所等公共文化设施的设立，改变了清末以来图书馆为精英服务的模式。虽然通俗图书馆及巡回文库、公众阅报所通行的时间并不长，其影响也不如一些省级图书馆、大学图书馆，但它们在公共图书馆历史上书写了重要一笔，直接促成了业界和国民新图书馆意识的形成，是民国初年新图书馆运动的重要组成部分。

第五节　文华公书林

20 世纪初年，在武昌凤凰山下的昙华林，兴建起一座美国模式的新式图书馆，这就是曾在中国现代图书馆历史上发挥过非比寻常作用的"文华公书林"。

说起这座著名的开放式公共图书馆，首先要提到它的创建者，旅居武昌的美国图书馆员韦棣华女士。这位传奇式的女图书馆员，被曾任民国大总统的黎元洪称为"中国现代图书馆运动的皇后"^③。

韦棣华（Mary Elizabeth Wood，1861—1931），1861 年出生于美国纽约州巴达维亚（（Batavia N.Y.）附近一个名叫埃尔巴（Elba）的小镇。同胞姐弟 8 人，韦棣华居长，是家中唯一的女孩。来华前曾在家乡的理奇蒙德纪念图书馆（Richmond Memorial Library）工作了 10 年。还有人考证出她曾出任过这家图书馆的馆长。早期的图书馆工作经验，为她以后在中国兴办图书馆和推动图书馆事

---

① 教育公报（第 3 年第 10 期）[M] // 李希泌，张淑华. 中国古代藏书与近代图书馆史料（春秋至五四前后）. 北京：中华书局，1982：260.

② 谢灼华. 论 20 世纪前半叶的中国图书馆 [J]. 大学图书馆学报，1999，17（6）：22-28.

③ 查启森，赵纪元. 文华公书林纪事本末 [J]. 图书情报知识，2008，(5)：109-112. 本节中的引文出处，除注明者外，均出自此文.

业奠定了基础。

1899 年初，韦棣华的弟弟韦德生（ Robert Edward Wood, 1876—1952）被美国圣公会派赴武昌圣公会传教。此时正值中国义和团运动兴起，不断出现烧教堂、杀教士的事件。消息传到美国，引起韦棣华对其弟安全的担忧，于是只身来华探视，于 1900 年 5 月抵达武昌。发现其弟安然无恙，韦棣华颇感欣慰，于是便留居武昌。

当时武昌城中有座由美国圣公会于 1871 年创办的教会学校文华书院，英文全称是 Bishop Boone Memorial School， 即"布恩主教纪念学院"，简称 Boone School，是为纪念美国圣公会第一位来华传教的文主教（William Jones Boone，1811—1864，文惠廉）而设立的。据称，"文华"者，意谓"文章华国"，暗含"文主教在华传教"的意思。这座已有近 30 年历史的文华书院，也由于义和团运动的缘故，于 1900 年秋停办了半年，1901 年春复校。文华书院复校后急需教员，于是韦德生便推荐韦棣华进入文华书院担任英语教员。

韦棣华在教学中发现文华书院的图书非常缺乏。出于曾经任职图书馆的职业本能，她觉得应该建立一所图书馆来解决学生的课外阅读之需。于是在授课之余，她便在该校校园内称为"八角亭"的一间小屋内，陈列所能搜集到的外文报章杂志供学生阅览。当时学生称它为"报房"，此即文华公书林的雏形。

这时的文华书院逐渐有了较大的改观和发展，由原来的中学，于 1903 年增设高等科，招收三年制学生，颁发文理学院毕业文凭。文华书院的英文名称遂改为 Boone College，中文校名不变。此时韦棣华的"报房"已扩大到两大间，取名为文华书院藏书室（ Boone College Library）。

韦棣华虽然是一名虔诚的基督教徒，但她的来华并未负有传教的使命。鉴于韦棣华依托教会做出了卓有成效的工作业绩，美国圣公会于 1904 年任命韦棣华为世俗传教士。

在此后的 1906 至 1907 年间，韦棣华开始筹办一所正规的图书馆，这是一个宏大而艰巨的计划。她在致力于文华书院藏书室建设的同时，发现"在全中国没有一所可以正确地称为公共图书馆的设施"，这使她产生了发展中国公共图书馆的念头，想要建立"一所不仅供学生用也供大众用的图书馆"。

1906年文华书院开始准备扩建成大学，于是韦棣华亲自策划，向学校建议建立一所图书馆。这年年底，她在阔别自己的祖国7年之后，首次返回美国，开始了长达18个月的准备工作。返美后，韦棣华进入纽约布鲁克林的普拉特学院图书馆学校（Pratt Institute Library School in Brooklyn, New York）进一步学习深造；同时四处演讲，寻求同胞对在中国建立图书馆的资助。

她抵达美国不久，即在 The Spirit of Missions 杂志1907年1月号上发表了《为中国中部建立一所基督教的图书馆》（A Christian Library for Central China）一文，发出请求："使我们的梦想得以成为现实，在华中地区出现一所基督教图书馆。"文中她除了提出建立这座图书馆的必要性和迫切性之外，还具体地提出了建立这所图书馆的规模和所需的款项，即建造一所供公众用、也供学院用的图书馆，其造价约为15000美元，以"解决这个古老民族的图书馆饥荒"。同年5月，她又在美国图书馆协会（ALA）第29届年会上宣读了论文：《一个中国城市的图书馆工作》（Library Work in A Chinese City），介绍了她在武昌的图书馆工作的情况，第一次将中国图书馆情况向美国图书馆界做了介绍，并阐述了在中国创设图书馆的必要性和可行性。

在她的努力下，此行大约获得了一万美元的捐款和大量赠书。她于1908年夏返回武昌，并随船将个人用品悉数运来中国，从此定居中国。她来到中国时只有30多岁，没有结婚，直到71岁在武昌去世，将后半生全部贡献给了中国的图书馆事业。

韦棣华回到中国后便开始新图书馆建筑的筹划和建造。图书馆于1910年春落成，正式取名为文华公书林。有学者指出，"公书林"这一译名非常漂亮得当，相比"图书馆"，更能够准确地表达"library"一词的确切含义，更能体现出现代图书馆的精神。[①]很可惜这一名称没有传播开来。

文化公书林的落成，是中国图书馆事业发展史上具有轰动性的一件大事。这座颇为壮观的"崇楼杰阁"，号称"十万元之建筑，三万册之图书"。同时，它还是我国最早按美国图书馆模式建成的一所开放式的图书馆，也是我国第一座真正意义上的公共图书馆。在韦棣华的倡导下，文华公书林不仅是大学的图书馆，

---

① 程焕文.中国图书馆史·近代图书馆卷［M］.北京：国家图书馆出版社，2017:98.

还对武汉三镇的各界民众开放，被蔡元培先生誉为"弥孚众生"。韦棣华本人非常坚持文华公书林的公共图书馆属性，反对它为文华书院（后改称文华大学校，Boone University）所私有。直到她逝世前于1930年12月10日所立的四项遗嘱中，第一项便强调文华公书林"必须保持独立，为民众服务"，不能仅作为大学的图书馆。

韦棣华对中国图书馆事业发展的贡献是多方面的，不仅仅限于文华公书林。1920年，她和她的学生沈祖荣、胡庆生一起创办了"文华图书馆学专科学校"，简称"文华图专"，开创了中国图书馆学教育的先河。文华图专是武汉大学图书馆学系的前身，后改称武汉大学图书情报学院、武汉大学信息管理学院，是我国历史最悠久、规模最大的图书馆学教育与研究机构。韦棣华还积极参与了"庚子赔款"处置工作。为使这笔款项能够用于中国的教育文化事业，她联络中国200多社会名流向美国和中国的政府呼吁，还到美国游说了200多名国会议员，使美国国会通过议案，规定退还的"庚子赔款"三分之一用于文化教育。现在国家图书馆位于北海文津街的馆舍，就是用这笔款项建造的。韦棣华还积极推动中华图书馆协会的建立，并使中华图书馆协会成为国际图书馆协会联合会（简称"国际图联"，IFLA）的发起国之一。1927年，在英国图书馆协会成立五十周年庆祝大会上，韦棣华代表中国图书馆协会签字，与美国、英国等14个国家图书馆协会的代表共同创建了国际图联。

1930年，全国各地图书馆界开始筹办一个活动，纪念韦棣华来华三十周年、文华公书林建成20周年和创办文华图专十周年。就在这一活动即将开始的时候，韦棣华因患癌症而一病不起，活动被迫推迟到第二年5月。就在第二年临近活动开始的前五天，韦棣华去世了。

在韦棣华的生前与身后，文华公书林经历了辉煌而又曲折的发展道路。

文华公书林建成后，韦棣华自任总经理，任命她的学生沈祖荣担任协理，后来胡庆生也参加了公书林的工作。沈祖荣、胡庆生后来都曾赴美国学习图书馆学，成为中国第一代图书馆学家，也是现代图书馆学教育的开创者。[①]

当时的公众对图书馆这一新生事物都比较陌生，没有利用图书馆的意识，学

---

① 程焕文.中国图书馆学教育之父——沈祖荣评传［M］.台北：台湾学生书局，1997：46.

生也缺乏在图书馆精心研求的习惯。文华公书林就想尽办法吸引读者，在校内外开展各种宣传活动，号召人们前来利用，并给来馆借阅者以周到的服务。在馆内实行开架借阅，让读者直接在书架上寻求书籍。这不但在当时的中国没有先例，即使在欧美也只有少数图书馆试行。于是来馆读者日渐增多，公书林的影响也开始扩大到武汉三镇。由于三镇范围广大，两江分割，许多读者不方便直接来馆借阅。于是公书林又先后在圣迈克尔教堂（St. Michel's Church）和三一教堂（Trinity Church）设立阅览室。前者主要供该教区民众、士兵和学生使用，后者主要供商人、店员使用，方便了人们就近阅览。1914年又进一步建立"巡回文库"制度，将各种书籍，每50册至100册，装箱分送到各个学校，机关、工厂陈列，供读者就近阅览，并定期交换。同时还举办各种演讲会、音乐会、戏剧表演等活动，扩大影响。采取这些措施后，文华公书林遂名播武汉三镇，影响遍及全国。

对于韦棣华等人的这种先进的图书馆服务理念和措施，当时并非所有的人都能接纳，尤其是文华大学校方就难以接受。以致文华大学校长翟雅各（James Jackson，1851—1918）去世时（1918年逝于江西九江），遗命将其藏书赠予上海圣约翰大学图书馆，而未赠予文华公书林，足见其成见之深。

1920年初，韦棣华、沈祖荣、胡庆生三人又开始酝酿和筹备文华公书林的扩充计划，分别向国内外筹款。1922年1月，扩充改造工程竣工，文华公书林馆舍比原来扩大了三分之一。

至抗战爆发前，文华公书林的中外藏书已达44560册，其中中文书籍为11300册，外文（主要为英文）书籍33260册。此外还建有若干特藏，其中包括"韦氏参考书专藏""罗公瑟士纪念室西文汉学专藏"以及"孙公纪念室商学专藏"等，这在远东地区是独一无二的。而图书馆学方面的中外文书刊最为丰富齐全，在国内也是绝无仅有的。

抗日战争爆发后，1938年武汉沦陷，曾经辉煌一时的文华公书林藏书损失殆尽，先进的设备被掠夺一空，上千件的博物收藏也不知去向。

抗战胜利后，该建筑虽然幸存，但已败坏不堪。复原后，又为先期迁回武昌的华中大学所占用。文华公书林从此失去了其公共图书馆的职能，文华图专也失去了这块教学和实习的基地。

新中国成立后，华中大学改组为华中师范学院，20世纪50年代后期，华中师院从昙华林迁出，原址遂移交给湖北中医学院。文华公书林虽然曾一度被列为武汉市的历史保护建筑，却在1987年前后建中医学院研究生宿舍时，被按"危房标准"拆除。1998年武汉市房地局还把一块作为"二级保护建筑"的文华公书林铜牌张冠李戴地嵌在不相干的另一座建筑上——这座建筑最后也被拆除了。一代名馆，就这样烟消云散，给后人留下了无处凭吊的永久遗憾。

第六节　涵芬楼及东方图书馆

清末民初，是现代图书馆事业创立和迅速发展的时代，官办图书馆成为主流。但这一时期私人及团体兴办的图书馆也占有一席之地，如梁启超发起的、为纪念蔡锷（蔡松坡）建立的松坡图书馆，黄炎培等人建立的鸿英图书馆，上海总商会图书馆，中华书局图书馆等，都曾名重一时。其中最负盛名的是上海商务印书馆涵芬楼及东方图书馆。

涵芬楼的创办者是著名现代出版家张元济（1867—1959）。张元济，字筱斋，号菊生，浙江海盐人。出身于书香门第、藏书世家、他的祖上是海盐藏书、刻书名家，"涉园"的创始人张奇龄，至张元济已经十代。张元济是光绪十八年（1892年）进士，曾任总理各国事务衙门章京。因积极参与戊戌变法活动，变法失败后被革职。1902年加入商务印书馆，不久后任新筹建的编译所所长。1916年任商务印书馆经理，1920—1926年改任监理，1926年任董事长，直至逝世。1949年出席中国人民政治协商会议，是第一、二届全国人大代表，上海文史馆馆长。[①]

从1904年开始，张元济着手筹建商务印书馆图书馆，取名涵芬楼。其初衷是为研究、著译提供参考，满足编译所的工作需要，并为影印出版古籍准备底本。

1906年，浙江归安陆氏皕宋楼藏书欲出让。皕宋楼是陆心源所创，为晚清著名四大藏书楼之一。张元济闻之，立即与陆氏后人联系，愿意以八万元收购。

---

① 吴晞 . 图书馆史话［M］. 北京：社会科学文献出版社，2015. 本节中的引文出处，除注明者外，均出自此书。

但最后陆氏却以十万元之价卖与日本财阀岩崎氏，令张元济痛心疾首。

此次阻止皕宋楼藏书外流的失败，激发了张元济搜求书籍、抢救国故的决心。在其后的几年间，涵芬楼陆续搜集了绍兴徐氏、长州蒋氏、太仓顾氏、清宗室盛氏、丰顺丁氏、江阴缪氏等诸多藏书大家出让或散出的图籍，藏书日渐丰富。至民国初年，涵芬楼已经"富甲一方"，成为称盛一时的著名图书馆。据统计，涵芬楼此时汇集了宋本 129 种、2514 册，元本 179 种、3124 册，明本 1419 种、15833 册，清代精刻 138 种、3037 册。此外还有抄本 1460 种、7712 册，名人批校本 288 种、2126 册，稿本 71 种、354 册。共计有经部 354 种、2973 册，史部 1117 种、11820 册，子部 1000 种、9555 册，集部 1274 种、10735 册[①]。这样的规模与质量，虽不能及陆心源的皕宋楼，但也大大超过了黄丕烈的著名藏书楼"百宋一廛"。

在不遗余力收集古籍善本的同时，张元济还慧眼独具，对于当时不为一般藏书家所重视的地方志文献，也有意识地加以收集。他认为，传统上的地方志虽不列入善本，但其间珍贵之记述，要比善本犹显重要。在清末时，地方志普遍没有人买，只有日本人肯买。书铺以"罗"论价，一元钱一"罗"。所谓一"罗"，就是把书堆起来有一手杖高。即使是少见的善本志书，因为无人过问，价钱也很便宜。张元济不忍看着大批方志流入东土，加之商务印书馆当时要编纂各种历史、人名、地名等大型辞书，需要这些各地方志文献以供参考。因此，涵芬楼很快就搜集了各地各个时期的地方志 2600 余种、25800 余册，包括元本 2 种、明本 39 种、清代及民国时期刊 2524 种，其中不乏海内孤本。[②]涵芬楼因此成为当时收藏地方志文献仅次于国立北平图书馆和故宫博物院图书馆的收藏机构，居全国第三位。

由于涵芬楼要满足商务印书馆编译人员查检资料所需，故藏书除大量善本古籍和丰富的地方志文献外，还有晚清以来我国各地出版的各种报纸杂志。其中完整收藏的报纸有上海的《时报》《神舟日报》《民国日报》，天津的《大公报》《益世报》。杂志则更多，如《新民丛报》《国闻周报》，以及商务印书馆自己出版的《东方杂志》《绣像小说》《小说月报》等。此外还有外文原版图书 2 万余册，其中有 15 世纪前出版的欧洲古籍多种。这样的收藏在当时十分稀见。

---

① 任继愈.中国藏书楼［M］.沈阳：辽宁人民出版社，2001：1687.

② 汪家熔.涵芬楼和东方图书馆［J］.图书馆学通讯，1981，（1）.

如同历代许多有成就的藏书家一样，张元济信奉"藏书不如刻书"。在他的主持下，商务印书馆整理、校勘、出版了许多对后世影响很大的古籍丛书，如《涵芬楼秘笈》《四部丛刊》《续古逸丛书》《百衲本二十四史》《丛书集成初编》《续藏经》《正统道藏》《学海类编》《四库全书珍本外集》《选印宛委别藏四十种》等多种大型古籍丛书，对现代学术文化研究起到了重要作用。

在 1921 年为纪念商务印书馆创立二十五周年之时，张元济提议创办公共图书馆。商务印书馆遂出资在上海宝山路商务总厂对面建造了四层楼钢筋混凝土大楼，将涵芬楼藏书移入，又增添报刊、商务版图书等阅览室，定名为东方图书馆，王云五任馆长。1926 年 5 月 3 日，正值纪念商务印书馆建馆三十周年之际，东方图书馆正式开馆，对公众开放。在新馆三楼，专辟一室储藏善本，仍用旧称涵芬楼。1928 年又增设儿童图书馆。1929 年设置流通部，采购新书数万册，读者缴纳保证金后，均可凭证借书。

东方图书馆是当时最大的私立图书馆。新馆落成时，藏书已有 20 余万册。至 1931 年，已有藏书 502765 册，其中中文图书约 40 万册，善本书 3745 种、35083 册[①]。无论是藏书数量、质量，还是其先进的理念和办馆方针，都堪称是当时全国首屈一指的图书馆之一，为社会文化和学术研究做出了卓越的贡献。

令人深感愤慨的是，1932 年日本侵略军在上海发动"一·二八"事变，淞沪抗战爆发，日军轰炸机向商务印书馆投下 6 枚炸弹，总厂被炸毁。日本浪人又潜入东方图书馆纵火，使这座著名图书馆一夜间全部化为灰烬。时人曾这样描述：是时浓烟遮蔽上海半空，纸灰飘飞十里之外，火熄灭后，纸灰没膝，五层大楼成了空壳，其状惨不忍睹。张元济与同仁们抱头痛哭："连日勘视总厂，可谓百不存一，东方图书馆竟片纸不存，最为痛心！工厂、机器、设备都可以重修，唯独我数十年辛勤收集的几十万书籍，今日毁于敌人炮火，是无从复得，从此在地球上消失了。"这是我国文化史上的一场罕见的浩劫，从此辉煌一时的涵芬楼及东方图书馆不复现于后世。[②]

后来披露的史料证明，日军对全国最大的文化机关商务印书馆的轰炸，完全

---

① 汪家熔. 涵芬楼和东方图书馆 ［J］. 图书馆学通讯，1981，（1）.
② 汪家熔. 涵芬楼和东方图书馆 ［J］. 图书馆学通讯，1981，（1）.

是预谋的、有针对性的。当时的侵华日军海军陆战队司令盐泽幸一就曾直言不讳地说："炸毁闸北几条街，一年半就可恢复，只有把商务印书馆、东方图书馆这个中国最重要的文化机关焚毁了，它则永远不能恢复。"①

永远留存史册的是涵芬楼、东方图书馆及其创始人张元济的精神和业绩。正如张元济晚年书写的一副对联所阐述："数百年旧家无非积德，第一件好事还是读书。"这恰是作者一生追求的写照。

为纪念张元济对文化、出版和图书馆事业的贡献，1987年在浙江海盐建立了"张元济图书馆"。陈云题写馆名，纪念室中摆放着汉白玉的张元济半身雕像。图书馆中保存有张元济的著作、手稿和生平事迹资料。还有商务印书馆版本阅览室，保存和陈列商务印书馆近百年来的出版物，现共有版本6000多种、10000余册，包括北京、香港、台湾等地的商务印书馆赠送的大量图书。

第七节　燕京大学图书馆

教会图书馆在中国现代图书馆的发展史上曾起到过至关重要的作用。②

如果专就教育领域看，教会大学及其图书馆在中国的出现和发展，有着一个复杂曲折的历史过程，在我国现代教育史及图书馆事业史上占有一席之地：我国最早的新式学校是1839年传教士在澳门开办的马礼逊学堂（Morrison School）；第一所大学图书馆是1888年圣公会创办的圣约翰大学图书馆；第一所图书馆教育专科学校是与教会关系甚深的韦棣华女士在1920年创办的武昌文华图专。

大体说来，在20世纪初叶之前，教会大学的目的只是为了传教，宣扬教义，大多数教会大学的图书馆收藏也以西文书、宗教书为主。五四运动之后，中国知识分子的民族意识和爱国热情不断高涨，逐渐形成了针对各种教会学校的收回教育权运动。教会学校面对形势的变化和中国民族主义的挑战，为生存计，采取了"中国化"的方针，如接受中国政府的注册要求和一定程度的管理，取消硬性的

---

① 汪家熔.涵芬楼和东方图书馆［J］.图书馆学通讯，1981，（1）.
② 参见本书第二讲第二节。

宗教礼拜和宗教课程，学校的最高行政职务由中国人担任等。这时的教会学校图书馆也开始大量收藏中国书籍，有的在文史古籍方面甚至超过了国内其他类型的大学图书馆。在这场变革之后，教会学校及其图书馆虽然仍保存了自身的一些特点，但与其他大学及其图书馆的界线已变得不甚明显了。

中国教会学校这种发展变化的轨迹，集中地体现在了燕京大学身上。[①]燕京大学的创始人和主办者是司徒雷登（John Leighton Stuart，1876—1962）。司徒雷登出生于杭州，父母均为美国在华传教士。司徒雷登1904年开始在中国传教，曾参加建立杭州育英书院（即后来的之江大学）。他1919年起任燕京大学校长、校务长。1946年任美国驻华大使，1949年8月离开中国，1962年逝于美国华盛顿。

燕京大学在1919年成立后，早期的课程偏重于宗教和西学，教员也以外国人为主。20年代起，在司徒雷登的主持下，燕京大学率先进行了"中国化"的变革。1926年建成的古色古香、充满中国传统建筑格调的新校园，就绝妙地体现出司徒雷登等燕京大学决策者的指导思想：寓西于中，中西结合，注重保留中国的文化传统。燕大首倡废除宗教必修科目和公共礼拜仪式，注重中国文史课程，聘请了许多著名的国学大师为教员，还积极参与建立了鼓励中国文史研究的"哈佛燕京学社"及其图书馆。

正如时人所说，在司徒雷登的努力下，燕大在形式和精神上都已成为"真正的中国学校"。燕大也因此而成为中国教会学校中声誉最著的佼佼者。燕京大学云集了当时的一批大师，陈寅恪、郑振铎、周作人、钱玄同、许地山、费孝通、郭绍虞、邓之诚、顾颉刚、张友渔、容庚、钱穆、吴文藻等，都曾在燕京大学任教。在1941年太平洋战争爆发后，燕大曾南迁成都，抗战胜利后回北平复校，1952年院系调整时与北京大学合并，燕京大学前后凡33年。在如此短暂的时间里，其间还受到日本侵华战争的严重干扰，注册学生总共不超过10000名，却为中国培育了一大批高水平的人才，很多是各个领域的领军人物。其中中国科学院院士42人，中国工程院院士11人，其他卓有成绩者不计其数。燕京大学可说是科学家的摇篮。二战时，中国驻世界各大城市的新闻特派员，十分之九是燕京大

---

① 吴晞，汤燕.燕京大学图书馆纪略［J］.北京高校图书馆，1993，（2）.本节中的引文出处，除注明者外，均出自此文。

学新闻系的毕业生。

燕京大学图书馆的发展历程，可以看作是中国教会大学图书馆的一个缩影，也是中国现代图书馆、尤其是现代大学图书馆发展史上的一个重要组成部分。

与燕京大学相同，燕京大学图书馆成立于1919年，结束于1952年。其间33年的历史可以大体划分为四个阶段。

第一阶段从1919年至1925年，可称之为初创时期。燕大图书馆与燕京大学同时成立，馆舍在盔甲厂。初时只有一间房舍，约200册藏书。这一时期燕大图书馆的发展极为缓慢，至1925年馆舍只有三间房屋，藏书13000册，其中的西文书几乎比中文书多一倍。

第二阶段以1926年新馆舍落成为标志，可称为鼎盛时期。

新馆馆舍位于燕大男女两校的中央，是一座仿文渊阁的中式风格建筑。馆舍地上三层，地下一层。第一、二层为读者服务区，主要有出纳处、目录厅、阅览室、研究室等，可容纳读者300余人。第三层为书库，内又分二层，可贮书约30万册。地下则用作储藏室。1935年馆舍曾做了改建，扩大了使用的面积。根据燕京大学的惯例，建筑物多以捐助者的姓氏命名，因此图书馆又以其捐助者伯利夫妇之名而称之为伯利纪念馆（Berry Memorial）。当时国内具备如此馆舍条件的图书馆尚不多见。

这一时期燕大管理图书馆事务的机构称"大学图书馆委员会"，下设各种专门委员会，如中文书籍审购委员会、西文日文东方学书籍审购委员会、学系图书室问题委员会、学校书款分配委员会、普通西文书籍审购委员会等。大学图书馆委员会的委员由图书馆主任和校内一些有名望的教授组成，如洪业、陈垣、马鉴等都曾任此职。图书馆中设主任一人，下有六部十三股的机构，形成了较为完善的管理体系，馆内的工作人员也由1926年的10余人发展到30多人。

除司徒雷登外，对于燕大图书馆的发展和鼎盛贡献最大的是洪业和田洪都。洪业，字鹿芩，号煨莲，早年留学美国，回国后即在燕京大学任教，曾长期担任大学图书馆委员会主席，并于1928年代理了一年的图书馆主任。在建设燕大图书馆的过程中，洪业起到了十分重要的作用。他主持制订了一系列图书馆的规章制度，购置了大量的各科图书，促进了燕大图书馆与美国哈佛大学图书馆的合作——为此，胡适曾说他是"享有殊荣"的人。田洪都，字京镐，武昌文华图专毕业，又赴美留学，在哥伦比亚大学图书部任助理。田洪都于1928年接任洪业，代理图书馆主任，1931年又被正式聘为图书馆主任，直至1941年太平洋战争爆发。田氏作为燕大图书馆黄金时期的主要负责人，致力于改进和推动馆内各项业务工作，也为燕大图书馆的发展做出了重要的贡献。

馆藏在此时期得到很大的发展。1926年迁入新馆时，藏书尚不足3万册，至1941年燕大南迁时，馆藏已达到30万册之多，增长了约十倍。藏书的结构也发生了很大的变化，中文图书的比例大幅度上升，1926年中文书已是西文书的六倍之多。在西文书中，其他社会科学类图书的比例也远远超过了宗教类图书，两者在全部馆藏中所占的百分比分别为21.82%和13.57%。从馆藏结构的变化上，可以看出燕京大学办学重点的转移和教会大学方针的变化。

藏书的发展主要得力于购书经费的充裕。燕大图书馆购书费主要有四个来源：学校拨发的经费、哈佛燕京学社图书费、法学院各学系的图书费、临时捐助的特别图书费。其中最为重要的是1928年成立的哈佛燕京学社为燕大图书馆提供的购书费。凡属重要的中文大部典籍和与中国问题相关的西文书，都从该项经费下开支，使燕大图书馆的藏书建设有了基本的保障。

此外，这一时期燕大图书馆的管理方法、分编工作、读者工作和业务研究等，都有了长足的进展。燕大图书馆在此期间的发展和进步，使其后来者居上，一跃而居于国内先进大学图书馆的行列。

第三阶段从1941年太平洋战争爆发开始，可以称之为动荡时期。

太平洋战争的爆发，使燕京大学最终未能躲过战争的冲击。为生存计，燕大被迫辗转南迁，于1942年在成都建校。燕大图书馆的藏书未及撤出，全部落入侵华日军之手。四年间，燕大图书馆损失惨重，据1946年复校后清点的结果，藏书损失达3万册，约占馆藏的十分之一。

成都燕大图书馆的馆舍在成都市陕西街，1942年秋开馆时仅有房舍一间，存书525册，几乎是白手起家，惨淡经营。战时购书费拮据，又受通货膨胀的影响，所购图书只能以教科书为主。书刊按各系学生的比例进行分配，价格较贵的书刊由各系共同使用。国外报刊则委托驻外机构代为订购并保管，以期战后能有完整的收藏。为解决图书缺少的困难，燕大图书馆一方面派馆员带领早期到达的学生到成都的大街小巷去逛书摊，选购基本参考书；另一方面与友校开展馆际互借业务，共用图书室。至1946年复校时，成都燕大图书馆藏书装成47箱运至宝鸡，因运费昂贵，这部分图书大多就地转让了。[①]

成都的燕大图书馆只有五名工作人员，主任一人，编目员和出纳员各两人。当时的图书馆主任是梁思庄。梁思庄（1908—1986）是梁启超的次女，早年留学加拿大和美国，1936年8月起在燕大图书馆工作，一直从事西文编目。在成都的四年间，梁思庄不畏艰辛与同人共渡时艰，支撑了燕大图书馆的生存与发展。北大、燕大图书馆合并后，梁思庄长期担任北京大学图书馆副馆长职务。

第四阶段从1946年燕大复校至1952年与北京大学合并，可称之为恢复和发展时期。1946年10月，燕大图书馆在原址恢复开放，逐渐恢复了旧有的规模，逐渐扩充馆藏。至1951年，馆内工作人员已有38人，藏书达到40余万册，有关设备也有所增添。

从图书馆发展的角度看，燕京大学图书馆的主要特色在于其珍贵的藏书和独具特色的业务工作。

战前鼎盛时期的燕大图书馆，藏书曾达到30余万册，在当时的大学图书馆中仅次于中山大学和北京大学，居全国第三位。1952年与北京大学图书馆合并之前，藏书总数已达40余万册，另有未编书刊18万册，金石拓片12000余张，木刻书板2000余块等。作为一所私立大学图书馆，在短短几十年中就拥有了如此令人瞩目的收藏，应该说是一个很了不起的成就。

燕大图书馆的藏书主要有以下三个来源：

1. 本馆订购。订购的书刊要由专家审定，经图书馆委员会批准，因此有较高的藏书质量。同时，图书馆还鼓励师生推荐优秀书刊，特地在校刊上公布"介绍手续"，以便读者与图书馆联系。

2. 哈佛燕京学社购赠。哈佛燕京学社成立后，曾向燕大图书馆赠送了大量图书，其中以中文古籍和西文东方学图书为主。据统计，燕大线装书中，99%都是用该学社的书款购买的。

---

① 梅贻宝.燕京大学成都复校始末记［J］.（台湾）传记文学，第44卷，第2期.

3. 捐赠和交换。燕大图书馆十分注重征集捐赠的书刊，有些捐赠还形成了重要的特藏，如贝主教（Bishop J. W. Bashford）所赠关于中国和东方文化的西文书，就奠定了馆藏"东方学文库"的基础。图书馆还通过各种渠道进行呼吁、宣传，征集国内外团体和个人的捐书，并设立了各种纪念、奖励办法。同时，燕大图书馆还与国内外许多图书馆建立了交换关系，获得了许多珍贵的书刊。

在短短几十年的馆藏建设中，燕大图书馆形成了一批独具特色的专藏，较为重要的有：

1. 东方学文库。主要收藏西文书中研究中国及东方文化的著作，以贝主教赠书为基础，常年注意添购。其中较珍贵的善本约有 600 种、1300 多册。据 1938 年的统计，燕大东方学文库与《美国各图书馆藏西文东方学书籍选编联合目录》（*A Union List of Selected Western books on China in American Libraries*）相比，仅缺 4 种，可见其质量之高。

2. 善本书。刻意搜求中文古籍珍本，是燕大图书馆的一贯方针。与北大图书馆合并时，燕大馆藏善本已达 3578 种、37484 册，其中有宋、元版古书和大量明、清的刻本、钞本，有很高的版本价值。日文、西文图书中也有不少精善刊本的馆藏。

3. 古籍丛书，燕大图书馆的各种文史丛书都有完整配套的收藏，是国内图书馆中该类图书收藏最丰富的图书馆之一。

4. 书目索引和工具书，这类图书共有 2347 种、17944 册，包括了当时出版的该类图书的大部分品种。

5. 毕业论文。自 1932 年起，开始收藏各届毕业生的毕业论文，共有 2466 册。

除藏书外，燕大图书馆的各项业务工作还有很多独到之处。

中文图书分编，最先采用《杜威十进分类法》（*Deway Decimal Classification，DDC*）。为适应中文图书的特点，燕大图书馆"将杜威十进分类法内不常用而便于伸缩之类，改为中国书籍之用，以应急需"，如"000"用为经类，"080"用于丛书类，"150"为子部其他种类等。1930 年，图书馆主任田洪都赴美考察，与哈佛大学图书馆的裘开明探讨了采用统一分类法的问题。从 1931 年起，燕大图书馆正式采用裘开明编制的《汉和图书分类法》分编中、日文图书，并一直沿用至终。这部分类法以中法为经、西法为纬，大纲则根据荀勖《中经新簿》及张之洞《书目答问》的体系，别立丛书部，扩充为九大类，是当时创新型、编制较为完善的一部分类法。书次号则是依据王云五的四角号码编制的著者号。

西文编目一直采用《杜威十进分类法》，对个别类目做了一些变革。燕大西文书号由三行构成：第一行为杜威法分类号，第二行是依克特著者号码表编制出的著者号，第三行为作品类别的字母代号。这个传统，在 1952 年院系调整后，被北京大学图书馆继续沿用。

中西文目录，均采用单元卡片制。中文目录有著者、书名、分类三种，分别排列；同时制作参考片和分析片。西文目录也有书名、著者、分类三种，另编一套主题片，均按字典式排列。其中最有特色的是西文主题目录。这套目录根据美国国会图书馆主题词表标引，制作十分严谨，一向为国内图书馆界所称道。北京大学图书馆现存的一套西文主题目录，就是在此基础上发展而来的。

杂志的分编始于 1937 年，亦依裘氏分类法，1940 年大体分编就绪。报纸没有分类，依刊名笔画设顺序号。

燕大图书馆对读者服务工作也很重视，其中的指定参考书工作很有特色。指定参考书一般根据各系教员提供的书单特别配置，并为之开设了专门的出纳处。出纳处有参考书目板，板上依教员姓氏的字母顺序展示本学期的教员指定参考书。这类图书的借阅以两小时为限，只可在馆内阅览，闭馆前可办理一夜出借的手续，第二日开馆后归还。从 1939 年至 1940 年度的统计情况看，总出纳台借书有 61432 册次，而指定参考书的出纳量则达 245963 册次，可见这项工作的高效率和作用。

燕大图书馆还十分注重图书馆业务的研究。从 1931 年 1 月 15 日起，燕大图书馆开始出版《燕京大学图书馆学报》（*Yenching University Library Bulletin*），双周刊，每期 16 开 10 页左右，主要刊登新书目录、新书评介和图书馆学、目录学方面的研究文章。学报共出版了 134 期，1939 年 8 月停刊。此外，燕大图书馆还积极开展出版活动，刊行的书籍多种多样，其中中式线装书尤为精致，多为明清著作中的罕见版本。

第八节　西南联合大学图书馆

西南联合大学（简称"西南联大"）图书馆草创于 1937 年，缘起于抗日战争爆发。此时虽然中国的新图书馆运动已告完结，但构成西南联大图书馆的北京大学图书馆、清华大学图书馆和南开大学图书馆均为清末以来创立的著名新式图书馆，因此西南联大图书馆也可看作新图书馆运动的成果和余韵。

1937 年 7 月，卢沟桥事变发生，抗日战争全面爆发，平津相继陷落。北京大学、清华大学、南开大学三校的图书馆由此开始了一场万里大迁徙。[1]

三校南迁到长沙后，成立了长沙临时大学，从中英庚款董事会的补助中拨款 5 万元，筹划组建图书馆。由于北大的图书全部沦陷，清华、南开两校的图书也未及运到，便与迁来长沙的北平图书馆和中央研究院史语所合作，组成了临时大学图书馆，由北平图书馆馆长袁同礼出任馆长。临时大学图书馆成立后，由临时大学与北平图书馆各出 5 万元购书费，即刻着手购置图书。由于战时交通不便，外地及国外的图书很难运到，临大图书馆便在长沙各书肆中采买，主要添置与教学直接相关的普通参考书。经过三个月的惨淡经营，临大图书馆有了中文书6000 册，西文书 2000 册，勉力支撑着教学之需。为了应付教学的急需，临大图书馆还与湖南国货陈列馆图书室签订了借阅图书的办法，以解燃眉之急。[2]

临时大学图书馆只维持了几个月的时间。1937 年底，南京陷落，武汉危机，局势骤然紧张起来。1937 年 12 月，临时大学常务委员会做出了"本校图书仪器暂缓购置"的决议。[3] 1938 年 1 月，临时大学奉命迁往昆明。图书馆的全部图书及商借的北平图书馆和中央研究院的图书，共装了 400 余箱，经粤汉路运至广州，再取道香港至越南海防，从滇越路进入云南，经历了千难万险，历时三个月，终于在 1938 年 3、4 月间陆续运抵昆明。

1938 年 4 月，临时大学全部迁至昆明，正式更名为国立西南联合大学，简称"西南联大"，图书馆也定名为国立西南联大图书馆。西南联大图书馆成立后，由于藏书缺乏，起初仍与北平图书馆和中央研究院保持着合作的关系，调借了大量

---

① 吴晞.策府弦歌唱春城——西南联大图书馆始末.津图学刊，1992，（3）.

② 西南联大档案（卷 5）·常务委员会会议记录.北京大学综合档案室藏.

③ 西南联大档案（卷 5）·常务委员会会议记录.北京大学综合档案室藏.

北平图书馆和中央研究院的图书。在人事安排上，借用了北平图书馆的人员，聘请北平图书馆馆长袁同礼为图书馆馆长，由原北大图书馆馆长严文郁为图书馆主任。在袁同礼未到任之前，严文郁代理馆长职务。这种局面一直维持了半年多的时间。1938 年底，北平图书馆在昆明设立了办事处，调走了西南联大图书馆借用的人员和除西文期刊之外的大部分图书，袁同礼辞去了兼任的西南联大图书馆馆长职务，中央研究院也陆续调回寄存在西南联大图书馆的大部图书。这时，西南联大图书馆已经先后购置了一些书刊，清华、南开的图书也部分运到了昆明，于是便对图书馆进行改组，任命严文郁为图书馆馆长，董明道为图书馆副馆长，走上了独立发展的道路。[①]

初到昆明时，学校没有固定和集中的校舍，因此西南联大图书馆也几经变动、屡次搬迁。总馆的馆址起初设在昆华中学南院原图书馆，另在昆华农校左翼大楼一层设立分馆。后经调整，总馆改在昆华农校礼堂，分馆则设在拓东路迤西会馆正殿中。同时设三个阅览室，第一阅览室在昆华农校饭厅，第二阅览室在昆华中学南院第五、六教室，第三阅览室在迤西会馆望苍楼。在西南联大的蒙自分校，也设立了分馆一所，馆址在法国领事署。半年后蒙自分校取消，分校图书馆的图书也装成 300 余箱运到了昆明。直至 1939 年夏，西南联大在昆明大西门外的新校舍落成，图书馆才有了固定的专用馆舍，结束了到处"打游击"的局面。[②]

新图书馆馆址位于新校舍北区的中央，是一座丁字形的瓦顶平房，前部是一间能容纳 800 人的大阅览室，即第一阅览室，后部是一座可容书 10 万册的书库，另有期刊阅览室一间，期刊库一座，办公室四间。另外，在拓东路迤西会馆的工学院中，将会馆的大殿改造为可容 400 人的阅览室，是为第二阅览室；新校舍南区的理学院有专门的期刊阅览室，可容 80 人，是为第三阅览室；位于新校舍附近的师范学院有一间可容 200 人的阅览室，为第四阅览室。自此，西南联大图书馆才初具规模，基本定形。当时的图书馆馆长严文郁曾形容为"虽属简朴，而宏敞可喜"[③]。西南联大图书馆为时八年的历程，大部是在这座简陋的馆舍中度

---

① 西南联合大学北京校友会.国立西南联大校史资料［M］.北京：北京大学出版社，1986.

② 西南联合大学北京校友会.国立西南联大校史资料［M］.北京：北京大学出版社，1986.

③ 严文郁.抗战四年来之西南联合大学图书馆［M］// 严文郁先生图书馆学论文集.台北：辅仁大学，1983.

过的。"茅屋草舍育英才"，对于西南联大图书馆，师生们至今仍保留着亲切温馨的记忆[①]。

　　尽管有了新的馆舍，但西南联大图书馆的条件仍是十分艰苦的。每到昆明的雨季，简陋的馆舍就会漏雨，许多学生只好打着雨伞看书。西南联大的学生大多数是流亡学生，无钱买书，读书、考试只能依靠图书馆，而图书馆的座位和参考书又不敷使用，因此学生们每天都要到图书馆"抢位子，抢灯光、抢参考书"，借书处也要排长队。图书馆开门之前，门前总要黑压压挤了一大片学生，致使当地人误以为是在抢购电影票。

　　学生们在图书馆找不到座位，就只好到街市上的茶馆里去看书，于是许多茶馆便在校舍附近应运而生。当年的联大学生、著名作家汪曾祺，就曾戏称这种现象为"茶馆出人才"。他回忆说："联大图书馆座位不多，宿舍里没有桌凳，看书多半在茶馆里。联大同学上茶馆很少不挟着一本乃至几本书的。不少人的论文、读书报告，都是在茶馆写的。"[②]昆明街头的大小茶馆，竟成了西南联大图书馆为数众多的"分馆"。

　　生活、学习条件之艰苦，不仅仅限于学生，西南联大的教师和职工都是在艰难困苦的条件下生活和办学的。据核计，1943 年联大教授每月的薪金已由战前三百多元降至实值仅合战前的八元三角，只能维持全家半个月的最低生活，一般职工的生活更是无法维持，人称"十儒九丐，啼饥号寒"[③]。但师生们大多都能同甘共苦，共度时艰。联大图书馆馆长严文郁曾回忆过当时的一段往事：

　　对日抗战最艰苦的时期，在昆明将积蓄贴得一干二净，收入不敷维持五口之家。经前辈戴志骞先生介绍到中国银行昆明分行兼一半日差事。与经理邻室办公，谈得颇为投机，不到半月，他劝我脱离联大，在行中充外汇部副主任。盛情可感，至今难忘。我鉴于兼事乃救一时之急，改行则关系前程，于是商之联大校委蒋梦麟先生。蒋先生说："银行待遇太好，必如戴先生一去不复返。目前虽受尽熬煎，胜利终属我们，为了钱而牺牲你在图书馆的成绩，未免可惜，值得考虑。至于生

---

① 杨道南.刻苦攻读,弦歌不绝——联大图书馆纪实［M］//茄吹弦诵在春城——回忆西南联大.昆明：云南人民出版社，1986.

② 汪曾祺.泡茶馆［M］//茄吹弦诵在春城——回忆西南联大.昆明：云南人民出版社，1986.

③ 肖超然.北京大学校史［M］.北京：北京大学出版社，1988.

活问题我们在校内设法，略予改善，以期度过难关。"我听此言，大为感动。第二天到银行向经理婉言谢却，连兼职一并辞掉了。从此安心工作。[①]

身为图书馆馆长，生活状况尚且如此，图书馆一般职工就可想而知了。而他们不避艰难困苦，怀着"多难殷忧新国运，动心忍性希前哲"[②]的爱国精神，勉力支撑着风雨飘摇的西南联大图书馆，则成为一段可钦可敬的佳话。

西南联大时期，图书馆的购书经费也处于极大的困境之中。西南联大成立后，每年的预算仅及抗战前清华一校的经费额，还要受政府拖延拨发和货币不断贬值的影响。[③]在这种困难局面下，西南联大只能到处求助或借债度日，因此图书馆只能得到少得可怜的一点购书经费。据记载，1938年每月的购书预算仅为4300元，实际得到的只有1868元；1939年每月购书预算仅为5966元，实际得到的只有2982元。[④]从数额上看，联大图书馆的购书费仅及原北大图书馆的三分之一。而且由于货币的大幅度贬值，实际的购书费买不了几本书刊。直到1941年，教育部才拨给西南联大美金38000元作为设备费，其中图书费约占21400元。此外"世界学生救济会"还捐赠给图书馆七八千元法币用于买书[⑤]。虽然有了少量的经费，图书馆却很难买到书，上海、武汉失陷后，滇越铁路中断，内地图书订购变得十分困难。特别是太平洋战争爆发以后，滇缅公路已不通，国外购书的渠道也告中断，已经订购的一批图书也在运输中遗失。西南联大图书馆只能凭着少量的经费，在昆明各旧书肆中寻觅、选购教学用书，真可谓艰难备至。

除了生活和工作上的种种艰辛外，敌机经常来昆明轰炸，也给西南联大图书馆带来了种种困难。空袭警报一响，图书馆就要携带贵重图书和读者一起到山沟里隐蔽，警报解除后还要尽快恢复开放。为避轰炸，除必要的参考书外，大部分图书都要存放在乡间。1941年8月14日中午，日寇出动轰炸机27架，以西南联大图书馆为目标轰炸，投弹数十枚，致使书库北部中弹倒塌，阅览室的屋顶

① 严文郁. 国立罗斯福图书馆筹备纪实［M］// 严文郁先生图书馆学论文集. 台北：辅仁大学，1983.

② 西南联大校歌.

③ 肖超然. 北京大学校史［M］. 北京：北京大学出版社，1988.

④ 西南联大档案（卷5）·常务委员会会议记录. 北京大学综合档案室藏.

⑤ 严文郁. 抗战四年来之西南联合大学图书馆［M］// 严文郁先生图书馆学论文集. 台北：辅仁大学，1983.

和门窗震坏，并引起火灾。经奋力灭火和抢救，幸未造成大损失，图书被毁仅二三百册，但阅览室的杂志和报纸却因水淹土压而全部报废，馆中设备也大部损坏。经奋力抢救，轰炸后仅一个月，图书馆便修复开放。[①]

在这样的艰苦条件下，西南联大图书馆非但没有被压垮，反而在困境和硝烟中成长壮大，成为一所颇具规模的战时大学图书馆，出色地完成了它的使命。正如严文郁馆长在 1941 年所说："本馆于此狂风暴雨之中，诞生，洗炼，茁壮！"[②]西南联大图书馆创造了中国图书馆史上的一个奇迹。

抗战胜利之后，西南联大于 1946 年 5 月宣告结束，北大、清华，南开先后在平津复校。"联合竟，使命彻。神京复，还燕碣。"西南联大图书馆所藏的图书，部分留交昆明师范学院，其余装箱北运，在学校图书迁运委员会的筹划下，于 1946 年 4 月运往平津。至此，西南联大图书馆结束了为期八年"笳吹弦诵在春城"的历史，在中国图书馆的历史上留下了令人永远难忘的一页。

第九节　中华图书馆学会

我国最早的图书馆学术组织是北京图书馆协会，1918 年由京师图书馆发起成立。但由于教育部没有批准，加之经费困难，不久即告停顿。[③]

1921 年，全国教育界成立了中华教育改进社，下设"图书馆教育"组。该组织每次年会邀请图书馆界人士参加，第一次年会出席者有戴志骞、沈祖荣、洪有丰、杜定友等著名图书馆学家。在 1923 年的第二次年会上，通过了"组织各地方图书馆协会"的决议案。到 1924 年，北京、天津、上海、南京、广州等地都成立了图书馆协会，为成立全国图书馆协会奠定了基础。

1925 年 4 月，在上海召开了中华图书馆协会成立大会。同年 6 月，中华图

① 严文郁 . 抗战四年来之西南联合大学图书馆 . ［M］// 严文郁先生图书馆学论文集 . 台北：辅仁大学，1983.

② 严文郁 . 抗战四年来之西南联合大学图书馆 . ［M］// 严文郁先生图书馆学论文集［M］. 台北：辅仁大学，1983.

③ 谢灼华 . 中国图书与图书馆史［M］. 武汉：武汉大学出版社，1987：347.

书馆协会在北京正式举行成立仪式，各省图书馆界代表 100 多人，著名社会活动家梁启超、美国图书馆协会代表鲍士伟（A.E.Bostwicki,1860—1942）和文华图专创始人韦棣华先后发表讲话。

中华图书馆协会的宗旨是："研究图书馆学术，发展图书馆事业，并谋图书馆之协助。"协会第一任董事长梁启超在成立演说中，进一步阐述了协会的宗旨，提出建设"中国图书馆学"，认为适合中国应用的图书馆学，应该是在研究外国图书馆学的基础上，应用现代图书馆学的原则去整理中国的图书，并产生一种有系统的理论。

协会设董事部和执行部,分别负责会务工作。董事部部长梁启超,书记袁同礼,执行部部长戴志骞,副部长杜定友、何日章。执行部下设分类、编目、索引、出版、图书馆教育五个委员会。1936 年，董事部和执行部分别改名为监事会和理事会。

协会成立后举办了一系列学术活动，先后召开了六次年会，编辑出版有《图书馆学季刊》和《中华图书馆协会会报》两种刊物，出版了目录学丛书、《关于中国图书馆概括的报告》以及多种图书馆学专题论文集。

协会总事务所设在北京，成立之初借北京松坡图书馆三间会所办公，1927 年迁入北京北海图书馆，1931 年迁入国立北平图书馆文津街一号新楼 [1]。

中华图书馆协会是中国第一个全国性专业学术团体，它的成立标志着新图书馆运动达到高潮。1927 年，韦棣华代表中华图书馆协会发起成立国际图书馆协会联合会（简称"国际图联"，IFLA），1929 年中华图书馆协会正式加入国际图联，标志着中国的图书馆事业与世界接轨。至此，新图书馆运动的使命基本完成。

---

[1] 中华图书馆协会 . 中华图书馆协会概况 ［M］. 北京：中华图书馆协会，1933：9.

图书馆学大家

第一节　西方图书馆学在中国的传播

中国近现代的图书馆学，实际上继承了两个传统：一是中国本土文化具有几千年传统的文献学，或称目录学、校雠学、治书学；二是西方传入的近现代图书馆学。后者是中国现代图书馆学的发展主流。传统文献学的内容和传承，下节再做介绍，本节先就 20 世纪后期之前的西方图书馆学及其在中国的传播和发展，做一简要的回顾。

西方现代图书馆产生于 19 世纪中叶的英国，以曼彻斯特公共图书馆的建立为标志，出现了以立法支持为基础、以公共资金为支持、对市民完全免费开放的公共图书馆。① 从此，图书馆发展的理论支撑从古代社会的"保存人类文化遗产"，上升为"保障公民的信息获取权利"。②

19 世纪后半叶，图书馆事业发展和图书馆学研究的重心转移到了美国。1887 年，以美国哥伦比亚大学图书馆管理学校（School of Library Economy at Columbia University）的建立为标志，出现了正式的图书馆学教育制度。图书馆活动从一种社会"职业"向一种科学"专业"过渡，或者说从"工作"变成了"学问"，这个"专业"或"学问"就是图书馆学。

① 参见第二讲第一节.
② 范并思 . 20 世纪西方与中国的图书馆学［M］. 北京：国家图书馆出版社，2016：5.

美国图书馆事业的发达，很大程度上得益于卡内基财团的资助。卡内基（A. Carnegie，1835—1919）人称"钢铁大王"，他将自己巨额财富的90%用于慈善公益事业，其中一大部分捐赠给了图书馆。1876至1923年间，卡内基财团捐出5600多万美元的巨款，在世界各地修建了2500多所图书馆，其中大部分是美国的公共图书馆。美国的图书馆事业由此而形成规模，图书馆事业飞速发展，文献量迅速增长，读者服务规模急剧扩大，迫切呼唤与之相适应的新理论和新学科。

现代图书馆学的创始人是杜威（M. Dewey，1851—1931）。1873年，杜威创建了《杜威十进分类法》（DDC），奠定了他的现代图书馆学创始人地位。《杜威十进分类法》后来成了世界上最多图书馆使用的现代分类法。除了DDC，杜威还创造了图书馆学史上的多个第一：发起成立了世界上第一个图书馆专业协会——美国图书馆协会（ALA）；创建了世界上第一个正规的图书馆学教育机构——哥伦比亚大学图书馆管理学校（School of Library Economy at Clumbia Univrersiy）；创办了世界上第一份图书馆学刊物——《美国图书馆杂志》。此外，杜威还出任过哥伦比亚大学图书馆馆长、纽约州立公共图书馆馆长等重要职务。因此杜威享有"现代图书馆事业之父"的美誉。

与杜威同时的还有一批杰出的美国图书馆学家，他们共同创立和完善了以实用主义为特征的经验图书馆学。中国的图书馆学者受这一学派的影响最大，也最为直接，形成了注重实际效应的中国图书馆学特征。

1928年，芝加哥大学成立了一所具有博士学位的图书馆学院（The Graduate Library School at the University of Chicago，简称"GLS"）。GLS的学风和理论追求，影响了整整一代图书馆学家，被后人称为"芝加哥学派"。[①]芝加哥学派是一个前后默契的学术集体，其影响力长达半个世纪，代表人物是巴特勒（P. Butler，1886—1953）和他的学生谢拉（J. H. Shera，1903—1982）。

杜威在哥伦比亚大学创办图书馆管理学校后，改变了以往的图书馆内部类似师傅带徒弟的知识传授方式，这是图书馆学发展史上的重大进步。但受到当时各种条件的限制，以及杜威本人对实用知识的偏爱，早期的美国图书馆学教育更像职业培训，而不是科学知识的传授和科学研究规范的训练。GLS以及芝加哥学

① 黄纯元. 论芝加哥学派［J］. 图书馆，1997，（6）.

派改变了这一状况，他们致力于发展具有高度理性的图书馆学知识体系，从历史、文化和社会的角度思考图书馆生存的哲学问题，同时也以社会科学中的实证方法或思辨方法研究图书馆问题，并以此挑战经验图书馆学。这是 20 世纪图书馆学最为重要的变革，即理性主义的兴起。

在 20 世纪 60 年代之前，芝加哥学派无疑是美国图书馆学最有影响力的学术中心。这种状况一直延续到 20 世纪下半叶，图书馆及图书馆学受到情报学、信息技术及数字图书馆大潮的冲击之时，才发生重大变革。现代信息技术和数字图书馆对图书馆及图书馆学的影响和改造会在第八讲中加以介绍。

自杜威以来，现代图书馆学一直是美国学者的天下，只有印度的阮冈纳赞成为在世界图书馆界具有广泛影响的图书馆学家。阮冈纳赞（S. R. Ranganathan，1892—1972）生于印度马德拉斯，毕业于马德拉斯教会学校数学系，曾任数学系副教授。1923 年阮冈纳赞出任马德拉斯大学图书馆馆长，担任这一职务直至1944 年。其间曾赴英国学习图书馆学，后来还担任过印度大学图书馆馆长、德里大学图书馆学教授、印度图书馆协会会长等职务。在 50 多年的图书馆事业生涯中，阮冈纳赞撰述了许多图书馆学著作，其中《冒号分类法》《图书分类导论》《图书馆学五定律》等，对图书馆学的发展产生了深远的影响。与芝加哥学派不同，阮冈纳赞具有数学学科背景，以及印度民族特有的思维习惯，使图书馆学更加理性化，逻辑严密，并且可加以证明。譬如他关于图书馆学五定律的理论，就是从数学家的审美观出发，不满于经典图书馆学的经验描述，从而阐发出的新理论体系。①

这些西方的图书馆学理论及图书馆方法技术，传入中国的"知识输入期"是20 世纪 20 年代，这也是中国图书馆学的建立时期。其标志性事件主要有三：②

其一，1920 年，韦棣华女士仿照美国图书馆学教育模式，在武昌文华大学创办了中国第一所独立的图书馆学教育机构 ——文华图书馆学专科学校（Boone Library School）。从此中国有了专门的图书馆学教育学校。

其二，20 世纪 20 年代前后，沈祖荣、胡庆生、戴志骞、徐燮元、杜定友、

---

① 阮冈纳赞 . 图书馆五定律 [M]. 北京：书目文献出版社，1988：2.
② 王子舟 . 图书馆学是什么 [M]. 北京：北京大学出版社，2008：142.

洪有丰、刘国钧等一批接受西方（主要是美国）图书馆学教育的留学生陆续回国，在国内掀起图书馆学宣传、教育、研究活动。

其三，1923 年，杨昭悊的《图书馆学》一书，由商务印书馆分上、下册正式出版。该书是中国第一部以"图书馆学"为名的著作，内容虽多取日、美两国图书馆之法，却是一部开先河之作。

据学者研究，中国图书馆界在接受西方图书馆学的过程中，有以下特点：[①]

第一，由"取法日本"转而追逐美国。近代史上一批维新变法人士和启蒙学者大多有留学或流亡日本的经历，如梁启超、罗振玉、王国维、李大钊等人，他们向国人宣传介绍的多是日本的图书馆和图书馆学。而美国毕竟是现代图书馆学的发源地，也是图书馆事业最发达的国家。民国初年，沈祖荣、戴志骞、刘国钧等，开始系统介绍美国图书馆和图书馆学，使美国的图书馆观念逐渐在中国传播开来。美国政府返还庚款的活动，进一步促使中国图书馆界将学习图书馆学的目光投向美国。

第二，理论研究与事业发展同步。从新图书馆运动开始，中国的图书馆学就重视理论研究与事业发展相互促进。图书馆的学者奔赴各地演讲，宣传新的图书馆观念，促成新型图书馆大量涌现。学者们对新的分类、编目等图书馆技术方法的研究，促进了图书馆工作水平的提高。图书馆学教育的兴起，更是为全国图书馆事业发展输送了大量新型的专业人才。

第三，学习与创新并重。中华图书馆协会成立之时，协会第一任董事长梁启超就在演说中提出"建设中国图书馆学"的任务。而后几十年，中国的图书馆学基本上是按照梁启超的思路发展的。沈祖荣、胡庆生编制的《仿杜威书目十类法》是第一个专为中文图书所使用的新型分类法。此后，杜定友、刘国钧、皮高品、王云五等人，也分别编制了类分中文文献的新式分类法。在编目领域，杜定友出版了《著者号码编制法》，刘国钧发表了《中文图书编目条例草案》。这些都是应用图书馆学领域突破性的进展。

第四，基础理论与应用研究并重。在清末民初的新型图书馆产生时期，"睁眼看世界"的启蒙者多注重宣传新型图书馆的观念、职能、社会功能和在全民教

---

① 范并思 . 20 世纪西方与中国的图书馆学［M］. 北京：国家图书馆出版社，2016：232-237.

育中的作用等"形而上"的理论内容。但图书馆学是一门应用学科，应用研究占有很大比重，图书馆学的发展也更多地体现在应用研究上。新图书馆运动以来，除上文中提到的分类、编目领域的应用型研究成果外，在图书馆管理和读者研究上，也产生了许多重要成果，如朱元善的《图书馆管理法》（1917 年）杜定友的《图书馆管理学》（1932 年）等。

下文从文献编纂、图书馆管理、学术研究和专业教育四个方面，分别介绍中国图书馆学各领域学术发展的历史轨迹和诸多大家名师的主要成就。

第二节　文献编纂

胡适说过："图书馆的中心问题，是要懂得书。图书馆学中的检字方法、分类方法、管理方法，比较起来是很容易的，一个星期学，几个星期练习，就可以毕业。但是必定要懂得书，才可以说是图书馆专家。"①此言切中要害，因为文献是一切学问的基础，更是图书馆和图书馆学的基础。

中国古代的文献编纂有着悠久的历史传统。在现代图书馆学研究范畴中，这门学问常常被称之为文献学或目录学，古代亦称校雠之学，通俗讲就是"治书之学"。现代中国图书馆学继承和发扬了这一传统学科，尤其注重将中国传统文献学这种"旧学"与西方图书馆学这种"新知"实现"对接"。

从现有材料看，古代文献学的开山者和奠基人应首推西汉末年的刘向、刘歆父子。

刘向（公元前 77—前 6 年），原名更生，字子政。他是汉帝刘氏宗亲，汉成帝时官光禄大夫。河平三年（公元前 26 年），汉成帝诏令一些大学者到皇家图书馆天禄阁、石渠阁校书。刘向为校书的总负责，还要为每种整理完的书籍写一篇叙录。这些叙录不仅厘定篇目、记述校雠，而且还介绍作者、评述书旨等。后来刘向把这些叙录汇集到一起编为《别录》。建平元年（公元前 6 年）刘向去世，终年 72 岁。他从 54 岁开始校书，前后共历 18 年。

---

① 王子舟 . 图书馆学是什么［M］. 北京：北京大学出版社，2008：151.

刘向去世后，朝廷又命一直辅助父亲校书的刘向之子刘歆（约公元前53—公元23年）继承其业。刘歆在《别录》的基础上编出了一部皇家藏书的分类目录《七略》。《七略》在文献学历史上具有开创性的重要意义，成为后世文献整理的圭臬。《别录》《七略》唐人著述犹有征引，宋后则不复见。但《汉书·艺文志》是以《七略》为底本编出来的，我们从中可以了解《七略》的大致面貌。

刘向、刘歆父子之后，中国的文献整理，即校雠活动与校雠学，又有所发展。宋代学者郑樵就是一位集大成者。郑樵（1104—1162），字渔仲，自号溪西逸民，世称夹漈先生。南宋兴化军莆田（今福建省莆田县）人。自幼博览群书，勤于学问，在夹漈山下刻苦读书30年（父亲身后给他留下3000余卷书籍），后又"游名山大川，搜奇访古，遇藏书家必借留，读尽乃去"[①]。所学涉及经史、文字、天文、地理、鱼虫、草木、音乐、艺术、校雠、金石等。他所著《通志》200卷、500余万字，有《本纪》《世家》《列传》《载记》《四夷》《世谱》《年谱》《二十略》等，是一部综合历代史料而成的通史。后人将《通志》与唐朝的杜佑的《通典》、宋元之际马端临的《文献通考》并称"三通"，为古代重要政书。其中，总天下学术、条其纲目而编就的《二十略》被《四库全书总目》评价为《通志》全帙的菁华所在。《通志·二十略》里的《校雠略》，详细探讨了图书分类、编目、著录、求书等图书整理问题。

及至雕版印刷术普及，手抄书籍渐少，抄本错字的问题逐渐不再明显，校雠活动也渐渐不再成为主要文献工作。宋明以来图书馆整理图书的活动又出现了一个新动向，即丛书编纂的热潮。如明代程荣汇集汉魏六朝37种书籍而为一编的《汉魏丛书》，清代乾隆年间内廷收录138种书籍而编成的《武英殿聚珍版丛书》等。尤其是《四库全书》的编纂，不仅是我国古代图书馆发展史上的盛举，也是学术文化史上的大事。

乾隆三十七年（1772年）清高宗弘历为彰显自己"稽古右文"的政治态度，下令征集图书，次年开设"四库全书馆"，组织了300多名学者、3000多抄写装订人员纂修抄写，仅从各省就征集了近5000种书，前后历20年。全书共收有3500多种书，7.9万卷，3.6万册，约8亿字，基本上囊括了中国古代所有图书。

---

① 卷四百三十六郑樵传 // 宋史．北京：中华书局，1960：12944.

书成后共抄 7 套，先储藏在京城皇宫中的文渊阁、圆明园的文源阁、沈阳文溯阁、承德的文津阁各一套，此四阁后被人称"内廷四阁"或"北四阁"；后又在扬州的文汇阁、镇江的文宗阁、杭州的文澜阁各储一套，称"南三阁"。七阁都是依明代著名藏书楼宁波范氏天一阁的样式建成的，是当时国内质量最上乘的图书馆建筑。"北四阁"藏书主要供皇室使用，"南三阁"出自江浙为人文渊薮的考虑，按照乾隆的谕令，"该省士子，有愿读中秘书者，许其呈明，到阁抄阅"，即可以公开阅览。后来文源、文汇、文宗三阁毁于战火。现存 4 部书，文渊阁本在台湾，余在大陆国家图书馆（文津阁本）、浙江省图书馆（文澜阁本）和甘肃省图书馆（文溯阁本）。《四库全书》保存文献的贡献巨大，仅从《永乐大典》中辑出的佚书就有 385 种。

重大的图书整理活动，总会结出重要的学术果实。《四库全书》的编纂，产生了几部重要的藏书目录，如由纪昀主持编撰的《四库全书总目提要》。纪昀（1724—1805）字晓岚，一字春帆，晚号石云，直隶河间府（今河北省献县）人。官至礼部尚书、协办大学士，曾任《四库全书》总纂修官。除《四库全书总目提要》外，还编撰了《四库全书简明目录》20 卷等。《四库全书总目提要》可以说是中国古典书目的集大成之作，它促进了古代文献目录以及校雠学、治书学的发展。

真正将中国古代的校雠学、治书学提升为一门学问的，主要贡献还在于清代学者章学诚。章学诚（1738—1801），字实斋，浙江会稽（今浙江省绍兴市）人。一生流离困苦，41 岁才中进士，但终未入仕途。所著《文史通义》《校雠通义》于身后方获得很高的声誉。章学诚的校雠学思想和理论，主要体现在《校雠通义》一书上。他的主要思想至今仍有很大学术价值，例如：一，关于校雠学之源流。他认为战国以前学术在官，官师合一，私门无著述。"官守之分职，即群书之部次，不复别有著录之法"。后来礼崩乐坏，官师分离，学流民间，私门出现著述。书籍散于天下无所统宗，故刘向、刘歆父子不得不进行校雠工作。二，刘向、刘歆父子开创的校雠之学，目的是通过"部次条别"（即分类归属）来实现"辨章学术，考镜源流"，便于学者由委溯源，"即类求书，因书究学"。三，有些书籍古有今无，有些书籍古无今有，故图书类目的设置要随时而进，不能拘泥以往。目录类次应该"道"先"器"后，即"形而上的"理论书籍应该排在"形而下的"实用书籍的前面。四，图书著录遇到"理有互通，书有两用"者，应该在相关的类目之下"互著"（也称互注）；一书之内有数篇内容涉及其他类别，并相对完整，也可以将这些篇章"别裁"出来，著录于其他类。五，应该编制索引，"尽取四库之藏，中外之籍，择其中之人名、地号、官阶、书目，凡一切有名可治、有数可稽者，略仿《佩文韵府》之例，悉编为韵"，成一工具书，以备校书之用。尤其是他的观点：古代校雠学宗旨是"辨章学术，考镜源流"，早已流播海内外，广为学人所知。[①]

进入近代晚清之后，由于丛书增多，有些藏书目录、荐书目录在书籍分类时，于传统的经史子集四部类目之外，还特设"丛书"一类。如清代张之洞所编的《书目答问》，就在经史子集之后没了"丛书"类（包括"古今人著述合刻丛书""国朝一人著述丛书"）。《书目答问》的实际编撰者为缪荃孙，其事迹详见本书第五讲第三节。

民国时期，商务印书馆张元济印行的《四部丛刊》，是专门影印宋元旧本以及明清精刻、精抄本的一套丛书。《四部丛刊》初印始于1919年，收四部书323种2100册（再版时增加了12册）。1934年又印成《续编》81种，1936年又出《三编》73种，各分装500册。此外张元济还主持影印了《百衲本二十四史》《涵芬楼秘籍》《续古逸丛书》等重要古籍丛书，使古籍善本得到传播，为学者研究提供了极大方便。

张元济之后，对丛书编撰贡献最为卓著的是图书馆学家兼出版家的王云五。王云五（1888—1979），字之端，号岫庐，原籍广东香山（今中山），出生于上海。因家境贫寒、体弱多病，11岁始入私塾学习，14岁在五金店当学徒，半工半读在夜校学英文。后在中国公学等校教授英文。民国十年（1921年），经胡适推荐，进入商务印书馆。

1924年，在张元济和王云五倡导下，原只为商务员工服务的商务印书馆的图书馆"涵芬楼"，改建成供大众阅览的"东方图书馆"，王云五出任馆长并加入了中华图书馆协会。王云五在商务印书馆工作初期，编印出版了许多小丛书，大

---

① 章学诚.校雠通义通解［M］.上海：上海古籍出版社，1987.

受社会欢迎。后来他设想，如果能利用东方图书馆的丰富馆藏，编印出一套丛书，全国各地方、各学校、各机关，甚至于许多家庭购买一套，就相当于把整个的大规模图书馆化成无数的小"图书馆"；而且装备丛书的小图书馆，管理也相对容易，人们可以用较低的代价读到人人当读的书籍。于是他开始酝酿出版丛书《万有文库》。1929 年《万有文库》第 1 集 1010 种、2000 册开始刊行，1934 年第 2 集 700 种、2000 册开始刊行。至日本发动侵华战争前，第 1 集售出约 8000 套，第 2 集售出约 6000 套。《万有文库》的出版，开创了我国图书出版平民化的新纪元，当时许多机构因购置一部《万有文库》而成为一个小型图书馆。

集图书馆学家与出版家于一身的王云五，完全是自学成才。尽管在自己身份证学历一栏里仅填"识字"二字，但他却通过自学，得通英、法、德、日多国文字。他少年时期曾受惠于英国教师布茂林私人图书馆。18 岁时，他以分期付款的方式买下一部英文版的《大英百科全书》，后花数年将此巨著通读了一遍。在主持东方图书馆工作期间，王云五发明了四角号码检字法，编出了《王云五大词典》等词典，还创立了《中外图书统一分类法》。1928 年编定的这部《中外图书统一分类法》，与杜定友、刘国钧、皮高品等人编的分类法一样，广有影响，是民国时期中国图书馆界使用最为广泛的分类法之一。后来他还想编就一部集我国词语之大成的《中山大字典》，但因战乱等原因，只出版了一本《一字长编》，仅"一"字就有数十万字、三四百页的解释。

《万有文库》是借助出版来促进图书馆发展的成功创意，图书馆事业与现代出版业相扶相助、共同繁荣，这是王云五的一个独特贡献。

在文献编纂方面，另一位做出重要贡献的图书馆学家是顾廷龙。顾廷龙（1904—1998），字起潜，江苏苏州人。他熟通版本目录学，同时也以书法驰名。1931 年毕业于上海持志大学，1933 年毕业于北平燕京大学研究院国文部，获文学硕士学位。随后即受燕京大学图书馆馆长洪煨莲之聘，出任哈佛燕京图书馆驻北平采访处主任，从此献身图书馆事业近七十年，先后担任上海私立合众图书馆总干事（主持馆务）、上海历史文献图书馆馆长、上海图书馆馆长等职。在此期间，顾廷龙也运用出版策略，整理、影印了一批宋元善本、明清孤钞等，使得孤本不孤，秘本不秘，化身千百，泽惠学人。

为了反映古代丛书大貌、便于学者检索丛书，顾廷龙主编了《中国丛书综录》这部大型工具书，收录全国41家大型图书馆所藏古籍丛书2797种，分《总目》（附《全国主要图书馆收藏情况表》）、《子目分类目录》《子目书名索引和子目著者索引》三大册。该书面世后，受到学术界的热烈欢迎，《人民日报》曾发文称其为检查中国古籍的"雷达"。顾廷龙第二个重要的"雷达"是《中国古籍善本书目》（主编顾廷龙，副主编冀淑英、潘天祯）。全书分经部（1册）、史部（2册）、子部（2册）、集部（3册）、丛部（1册），共收录全国781个图书馆或文化机构所藏古籍善本6万种、约13万部。《中国古籍善本书目》为近几年大型古籍整理工程的顺利开展，如《四库全书存目丛书》《续修四库全书》《四库禁毁书丛刊》《中华再造善本》等，提供了十分重要的参考依据。

第三节　图书馆管理

图书馆管理是现代图书馆学和图书馆工作的重要支柱。图书馆学最初在英国使用的名称就是"图书馆管理学"（Library Economy），杜威所创建的世界上第一个正规的图书馆学教育机构就叫"哥伦比亚大学图书馆管理学校"。

西方新式图书馆传入后，中国出现了诸多集图书馆学大师和卓越图书馆管理者于一身的大家名师，人数众多，影响深远，这里无法逐一详尽介绍。除上文中已经重点介绍过的梁启超、徐树兰、蔡元培、李大钊、张元济等人外，本节再择要介绍柳诒徵、袁同礼、杜定友、蒋复璁、李小缘、严文郁等几位具有代表性的、贡献卓著的图书馆管理者[1]。

柳诒徵（1880—1956），字翼谋、劬堂、知非，江苏镇江人，17岁考中秀才，1903年随缪荃孙赴日本考察教育。1915年至1925年，柳诒徵先后执教于南京高等师范学校、东南大学、东北大学、北京师范大学等，辗转于南京、沈阳、北京等地。1927年就任江苏省立第一图书馆馆长，主持该馆达20年之久。该馆即为

---

[1] 本节人物资料除注明者外，主要出自：王子舟．图书馆学是什么［M］．北京：北京大学出版社，2008：163–172；汪东波．中国图书馆史·附录卷（重要人物传略）［M］．北京：国家图书馆出版社，2017：183–408．

光绪三十三年（1907 年）两江总督端方创办的江南图书馆，后改名为江苏省立国学图书馆。柳诒徵主持编纂的《江苏省立国学图书馆图书总目》共 44 卷、30 册，有经、史、子、集、志、图、丛书 7 部 85 类 832 属。丛部分五类，但丛书子目又分归各类，便于读者多途径检索。集部编次以作者卒年为断，便于确定易代之际的作者归于何朝何代。这部书目在分类、编目上借鉴了古今方法，有继承亦有创新。后来顾廷龙主编的《中国丛书综录》丛书子目分类部署的做法，就借鉴了《江苏省立国学图书馆图书总目》。

柳诒徵还有一创举，就是开"住馆读书"之先例。他主持制定的《图书馆章程》中，第九章专为"住馆读书规程"，规定"有志研究国学之士，经学术家之介绍，视本馆空屋容额，由馆长主任认可者，得住馆读书"，取费与馆友相同，不事营利。当时一些年轻人，如蔡尚思、苏维岳、任中敏、吴天石、柳慈明、赵厚生等后来的著名学者，都先后在江苏国学图书馆住馆读书。据蔡尚思先生回忆，从 1934 年至 1935 年间，他住馆读书，当时年龄未及三十，每天读书 16 至 18 小时，从不间断，几乎读遍了集部书。"住房不收费，吃的是稀饭咸菜，生活是紧张而艰苦的，但读书之多，学问增长之快，在我一生之中都没有超过这个时期的。"因此，蔡尚思感慨说："我从前只知大学研究所是最高的研究机构；到了 30 年代，入住南京国学图书馆翻阅历代文集之后，才觉得进研究所不如进大图书馆，大图书馆是'太上研究院'。对活老师来说，图书馆可算死老师，死老师远远超过了活老师。"[①] "住馆读书"，与蔡元培主持北京大学允许女生及校外生旁听之举，有异曲同工之处。昔日住馆读书的有志青年，后来多有成为知名学者的。

与柳诒徵这位土生土长的图书馆学家不同，袁同礼、杜定友、蒋复璁、李小缘等人，则是留洋受过欧美图书馆学教育的图书馆学家和图书馆管理者。

袁同礼（1895—1965），字守和，河北徐水人。1913 年考入北京大学预科英文甲班，1916 年毕业后到清华学校图书馆参考部工作，成为我国最早的图书馆参考工作者。翌年任图书馆主任，1918 年当选北京图书馆学会会长。1920 年，袁同礼由清华大学和北京大学资助，赴美国深造，在哥伦比亚大学和纽约州立图书馆专科学校学习，获美国哥伦比亚大学文学士和纽约州立图书馆专科学校图书

---

① 蔡尚思 . 中国文化史要论［M］. 长沙：湖南人民出版社，1979：180.

馆学学士学位。

袁同礼 1923 年回国，任北京大学图书馆馆长，是国内第一批留洋归来、具有现代图书馆学知识背景的专才。而后，袁同礼出任北京北海图书馆图书部主任、副馆长、馆长，国立北平图书馆副馆长、馆长，前后长达 20 余年。从 1925 年 4 月中华图书馆协会成立起，袁同礼就一直充任要职，曾被选为协会董事、董事部书记、执行部长（执委会主席）、理事长等。1948 年受美国国会图书馆邀请，赴美访问研究，后迁居美国，相继在国会图书馆东方部和斯坦福大学研究所从事中国典籍的整理与研究工作。

袁同礼一生的大部分时间和精力都用在北平图书馆的建设上。北平图书馆是后来的北京图书馆和国家图书馆的前身。1925 年，国立京师图书馆委员会（后改名为北平图书馆）成立，袁同礼任图书部主任，1927 年被聘为副馆长；同年馆长范源廉病逝，由袁同礼主持馆务。在此期间，他还任北海图书馆代理馆长，积极参加北海图书馆新馆舍建设（今为国家图书馆文津街馆舍），是该建筑委员会五名委员之一。

1929 年，北海图书馆与北平图书馆合并，改组为国立北平图书馆，与南京的国立中央图书馆共同行使国家图书馆的职能。同年，袁同礼任国立北平图书馆副馆长，主持馆务工作；1945 年至 1948 年任馆长，直至去国赴美。

在抗日战争期间，袁同礼南下湖南，以国立北平图书馆名义与长沙临时大学合作，兼任临时大学图书馆馆长。1938 年随临时大学迁往昆明，设立北平图书馆昆明办事处，积极从事抗日活动。为复兴图书馆事业，袁同礼在 1938 年以中华图书馆协会理事长名义，分别致函欧美各国图书馆协会，痛陈日军暴行，并广泛征集图书，得到欧美各国图书馆的援助。抗战胜利后，袁同礼参加了接受敌伪文物图书的工作。

袁同礼在主持北平图书馆工作期间，最为人称道之事有二：一是访求书籍，不遗余力；二是礼贤下士，造就学者。

在袁同礼主持下，北平图书馆搜购了会稽李慈铭越缦堂、上海潘氏宝礼堂、聊城杨氏海源阁、东莞伦明续书楼等私人藏书家的珍藏，派人传拓各地古代碑铭 350 多种，还派人远赴滇境访到西南五省的稀有方志以及 4000 余册古东巴图画象形文字经书。此外还到国外采买西方学术名著的各种版本，如黑格尔、康德、莎士比亚等人不同时期的稀有著作版本等。袁同礼还派遣向达、王重民等赴英、法拍摄敦煌卷子，探访流落到欧洲的《永乐大典》。因经费困难，袁同礼还利用个人声望向国内外各文化机关、学校及文化界知名人士、政府要员等发送信件，募集书籍。北平图书馆由此收到了国内外捐赠的大量书刊资料，其中不乏珍贵资料。袁同礼先生对赠书者极其尊重，每次收到赠送的书刊资料后，不论其价值大小，均专函致谢，并在每年《馆务报告》的"赠书人名录"中列出赠书者的姓名或单位名称以及所赠书名。北平图书馆后来成为全中国藏书甲富，与袁同礼的贡献密不可分。

袁同礼善于网罗人才，20世纪30年代的北平图书馆人才济济，为学术界啧啧称羡。当时先后在北图工作过的专家学者有向达、王重民、刘国钧、赵万里、徐鸿宝、谭新嘉、叶渭清（宋学与宋史）、梁廷灿、谭其骧、钱钟书、王庸（地图史料）、谢国桢（明史及明代笔记）、贺昌群（魏晋隋唐史学）、刘节（金石学）、孙楷第（小说目录学）、于道泉（藏学）、严文郁、张秀民、杨殿殉、汪长柄、李芳馥、顾子刚（西文专家）、吴光清、张申府（西方哲学）、梁启雄（梁启超幼弟）、李德启（满文目录学）、彭色丹喇嘛（蒙、藏文专家）、钱存训、徐家璧等人。有的人来到北平图书馆时还是大学毕业生，袁同礼看到其发表的文章，即邀其来馆工作。如张秀民远在厦门大学，写了《四库总目史部目录及子部杂家》和《宋椠本与摇床本》两文，寄给了袁同礼并表示愿意到北平图书馆工作，袁同礼看后即以馆方名义去信，争取张秀民来北平图书馆工作。后来张秀民成为著名印刷史专家。又如刘国钧，他和袁同礼是同辈人，他留学美国又获博士学位。袁同礼闻刘国钧对分类编目很有研究和见解，并正在编制中国图书馆分类法，即多次去函，请刘国钧到北平图书馆任职。这就给刘创造条件，使其顺利完成了《中国图书馆分类法》和《中文图书编目条例》两个规范。王重民、向达从事中西交通史和敦煌学研究，袁同礼争取经费，作为交换馆员送他们，到英、法等国，使其有机会获得深造。从1930年起，北平图书馆以交换馆员身份送到美、英、法、德等国进行培养的，共有20多人，他们后来大都成为著名学者。一些学者成名后未能回到北平图书馆，而是执教于别的大学或到其他图书馆做馆长，有人对此有看法，袁同礼却表示，我们培植的人才，乃为整个图书馆事业和学术界的需要，所以"我宁舍己，将种籽撒播出去，将来所收获的果实一定更多"。① 由于专家治馆，北平图书馆的业务工作一跃而居全国之首。

杜定友（1898—1967），广东南海人，出生在上海。少年时代在南洋公学读书，1918 年南洋大学新建图书馆而急需专业人才，校长唐文治派他到菲律宾大学学习图书馆学专业（菲律宾大学是美国人主事的）。1921 年杜定友以优异成绩提前一年毕业回国，获文学、教育学、图书馆学三个学士证书及一个高师毕业证（即中学教师资格证）。从此，杜定友在上海、广州两地从事图书馆事业长达 50 年，先后担任过广东省立图书馆馆长、复旦大学图书馆主任、南洋大学图书馆主任、中山大学图书馆主任、上海市立图书馆筹备处副主任、广东省文献馆主任等职。

杜定友不仅对图书馆学颇多著述，同时于图书馆管理实务也多有新创建。例如 1924 年在南洋大学图书馆率先发明、使用颜色书标，以避免乱架过甚及提高排架效率；1925 年出版了适于中外文书籍统一分类的《图书分类法》，出版了编制索书号用的《著者号码编制法》，在国内产生了很大影响。1926 年在上海组织学生编制出第一部报纸索引《时报索引》。1930 年，鉴于西式图书馆读者使用的卡片目录柜不能同时多人使用，于是发明可以挂壁翻看的明见式卡片目录。1932 年出版了以字形为检索入口的《汉字形位排检法》。1932 年推动成立中国图书馆服务社，次年又出版《图书馆表格与用品》一书，积极促进图书馆工作的标准化。1936 年主持中山大学图书馆新馆建设时，他的图书馆设计体现了旅馆化、家庭化、机械化，立志要建一所现代化的图书馆，以树南中国楷模。1941 年在抗战流亡中，为重组广东省立图书馆而大力收集地方文献，书、图、文件之外，连传单、标贴都在收集之列，最终使广东省立图书馆成为国内地方文献宏富的图书馆。在图书馆业务、管理、服务等方面，杜定友先生可谓是"龙虫并雕"，不分巨细，称得上是我国图书馆工作上创新最多的专家。

蒋复璁（1898—1990），浙江省海宁人，北京大学哲学系毕业，早年即从事图书馆活动。1922 年北京松坡图书馆成立，蒋复璁被聘编制外文书目。1926 年，蒋复璁被聘于国立北平图书馆。1930 年赴德国珀林大学图书馆学研究所留学，

---

① 焦树安.将毕生精力贡献给中国图书馆事业的袁同礼［J］.国家图书馆学刊，2001，（2）：81-86.

并任普鲁士邦立图书馆客座馆员。回国后，1933 年被教育部委任筹备中央图书馆。

抗日战争时期，蒋复璁领导中央图书馆筹备处迁馆四川，建立中央图书馆重庆分馆。1940 年中央图书馆正式成立，蒋复璁被任命为馆长。在此期间，蒋复璁与郑振铎、张元济等人成立文献保护同志会，提出从今以后决不听任文献流失他去，好书要为国家保留之。

1940 年，蒋复璁为搜购战争中散失的善本，赴沦陷区筹设机构，用中英庚子赔款董事会补助中央图书馆的款项，从上海、香港两地秘密收购善本，运往重庆。至 1946 年底，中央图书馆入藏中、日文书 754551 册，善本书 153414 册，还有大量的金石拓片和古今舆图。

1948 年赴台后，蒋复璁任台湾中央图书馆馆长，并兼任台北图书馆馆长、台北故宫博物院院长等职。

蒋复璁还热心中华图书馆协会的工作，早在 1924 年即与袁同礼为筹备中华图书馆协会而南北奔忙。在他们的努力下，1925 年中华图书馆协会成立，蒋复璁先后出任协会执行部干事、分类编目组和图书馆行政组负责人、执行委员，1937 年后任理事会理事。

李小缘（1898—1959），原名李国栋，江苏南京人。1920 年毕业于南京金陵大学，任金陵大学图书馆管理员。1921 年赴美国纽约州立图书馆学校和哥伦比亚大学师范学院学习，1925 年获美国图书馆学学士、教育社会学硕士学位。1925 年回国后，出任金陵大学图书馆馆长，并任金陵大学教授、图书馆学系主任、中国文化研究所研究员兼史学部主任。他长期主掌金陵大学图书馆馆务，并积极参与中华图书馆协会的工作。在当时中华图书馆协会的筹建过程中，图书馆界有"黎元洪"之戏称，即指李小缘（黎）、袁同礼（元）和洪范五（洪），可见李小缘影响及对建立中华图书馆协会贡献之大。

1927 年他写出了一份《全国图书馆计划书》，对国立图书馆（国家图书馆）、省立图书馆、公共图书馆、学校图书馆等的建立提出了很好的建议。在计划书中，每类图书馆的建设都分别依"总纲""组织""经费""举办事业""流通要则"等，详细论述，不蹈空谈。其"附录"中甚至都拟好了"图书馆为吾人人生之必须品"等 14 条图书馆用标语。这是我国现代图书馆事业发展史上第一份完整的纲领与蓝图。后来有人将他的《全国图书馆计划书》作为提案提出，倡议成立中央图书馆，即今"南京图书馆"的前身。

严文郁（1904—2005），字绍成，湖北汉川人。1925年毕业于武昌文华大学图书科，经韦棣华女士推荐，任北京大学图书馆西文图书编目员。1926年应聘到北京图书馆（后改称北平北海图书馆）工作，任西文编目组组长。1930年赴美进修，1932年获哥伦比亚大学图书馆硕士，又受北平图书馆委派赴德国柏林图书馆见习一年。

1933年回国，严文郁任北平图书馆编目部主任兼阅览部主任，1935年被聘为北京大学图书馆主任。1937年随校南迁，与袁同礼合办西南联大图书馆，任西南联大图书馆主任。1946年出任罗斯福图书馆（今重庆图书馆）筹备委员会主任。1949年到联合国图书馆工作，1978年任台湾辅仁大学图书馆系教授，退休后寓居美国。1986年，严文郁获华美图书馆员协会颁发的"杰出贡献奖"。①

严文郁长期在国立北平图书馆和北京大学图书馆工作，在业务建设工作上贡献良多。任西南联大图书馆主任期间，在物资缺乏、环境艰苦，"十儒九丐，啼饥号寒"的情况下，仍全力维持图书馆正常工作。在创办罗斯福图书馆的过程中，主持筹办工作，为该馆打下了良好基础。②

严文郁的研究与著述丰硕，代表作有《中国图书馆发展史——清末至抗战胜利》《中国书籍简史》《美国图书馆名人传略》等，论文大多收录于《严文郁先生图书馆学论文集》。

第四节　学术研究

在西方图书馆学传入中国以前，中国已有的藏书及文献研究，局限于校雠学等关于文献整理、管理的理论、方法和技术。现代图书馆学在中国兴起之后，这些学术思想逐步被图书馆学吸纳，并被赋予了科学的特质。这一旧学与新知的良

---

① 吴晞.北京大学图书馆九十年记略［M］.北京：北京大学出版社，1992：72–73.

② 严文郁.国立罗斯福图书馆筹备纪实［M］//严文郁先生图书馆学论文集.台北：辅仁大学图书馆系，1983.

好对接，首功在于梁启超。

梁启超在中国早期图书馆事业中发挥的重要作用，前文业已详细述及（见第三讲第二节）。民国建立后，梁启超在图书馆事业建设和图书馆学研究方面，继续发挥了巨大作用。1916 年，梁启超为纪念蔡锷（蔡松坡）将军而四处募捐，筹建新型图书馆"松坡图书馆"，而后自任松坡图书馆馆长。1925 年底，梁启超被北洋政府教育部聘为国立京师图书馆馆长。1926 年春，中华教育文化基金会又办一所北京图书馆（后改名北海图书馆），梁仍被聘为馆长。至此，他一身兼三馆馆长，遂将主要的精力投入图书馆事业，同时潜心研究图书馆学、文献学。

梁启超的图书馆学思想和理论，主要集中在图书馆学原理、目录学和辨伪学等方面。一，关于图书馆的功用。梁启超在 1916 年 12 月 17 日、18 日《时事新报》上的《创设松坡图书馆缘起》一文中提出，图书馆不仅能保存国粹、普及学问，还标志着一国的文明程度，关系着国家的存亡。二，呼吁建设中国的图书馆学。中国的文字、书籍有自身的历史和特征，文献研究、书籍管理也有特殊的方法，故应结合中西图书馆学知识、创建自己的图书馆学。如在分类、编目中，一方面，借鉴西方的分类法、编目原则，也要把我国古代"互注""别裁"的优良方法吸收进来；要继承中国古代编制大型类书、丛书的传统。（1927 年他自己曾拟定《中国图书大辞典》的编写提纲，后因过早去世而没有实现）三，在目录学方面，他的《西学书目表》（1896）首创了学（科学）、政（政经）、教（宗教）、杂（综合）四分方法，颇便初学者觅寻西学轨途。《读书分月课程》（1894）、《国学入门书要目及其读法》（1923）与《要籍解题及其读法》（1923）三篇书目，开了专家推荐书目的新风气，曾在青年学生中广有影响。《佛家经录在中国目录学之位置》（1925）一文，是中国专科目录学研究的奠基之作。四，在辨伪学方面，他专写了《古书真伪及其年代》（1927）一书，对伪书的成因、伪书的种类、伪书的辨别方法等，均提出了一整套理论。[①] 归结起来，梁启超图书馆学思想的核心是秉承传统、借鉴西学，重视学术史的挖掘、强调会通，求实用，讲实际。

梁启超的图书馆思想，对中国图书馆学的建立和发展具有重大影响。例如在1925 年中华图书馆协会成立仪式上，梁启超作为首任董事长发表演讲，提出了

---

① 王子舟.图书馆学是什么［M］.北京：北京大学出版社，2008：172-174.

"建设中国图书馆学"的命题，主要内容有：一，读者和读物是图书馆的两个要素；二，学问无国界，要掌握现代图书馆学原则，也要学习中国古代目录学、校雠学知识；三，不能简单把外国分类法搬来类分中国的古籍，要探索出一部科学的、适用于中国图书的分类法；四，中国古代编目中的优良传统要继承，如章学诚倡导的"互注""别裁"等方法；五，中国古代有编撰大型类书的文化传统，新式图书馆要加以发扬；六，培养图书馆的管理人才，不能只靠图书馆学校，要在大图书馆里设立学校；七，在经费缺乏的情况下，各地应该集中资金办好一两所面向民众开放的模范图书馆，不要多设"阅书报社"式的所谓群众图书馆。这些建议，大多切中当时图书馆及图书馆学发展的要害，具有远见卓识。事实上，其后中国图书馆学基本上是按照梁启超的思路去发展的。例如，中国图书馆分类法就走过了一条从"仿杜"（沈祖荣、胡庆生《仿杜威书目十类法》）到"改杜"（杜定友《世界图书分类法》），再到"自创"（裘开明《汉和图书分类法》[①]以及后来的《人大法》《科图法》《中图法》）的道路。

梁启超对图书馆事业的热爱甚至感染了其家人，他的女儿梁思庄就是受父亲的影响而在美国专攻图书馆学，回国后长期任职于燕京大学图书馆、北京大学图书馆，成为深孚众望的图书馆学家，也是首屈一指的西文编目专家，并任北京大学图书馆副馆长，中国图书馆学会副理事长。

20世纪二三十年代，中国图书馆学的发展出现了第一次高潮。这一高潮是众多图书馆学家努力的结果，特别是一批留学国外专攻图书馆学的学者先后回国，在国内掀起了新图书馆学研究的高潮。这里可以为当时造诣高深、成果丰硕、影响深远的图书馆学研究大家们，开列出一串长长的名单：[②]

沈祖荣（1884—1977），第一位图书馆学留美学生，参与创办文华公书林和文华大学图书科，与胡庆生合作编制《仿杜威书目十类法》。

胡庆生（1895—1968），文华图书科主任，与沈祖荣合作编制《仿杜威书目

---

① 裘开明《汉和图书分类法》因采用十进制，曾有人认为是"仿杜"或"改杜"，实际上是自成体系的创新之作。美国芝加哥大学荣誉馆长、东亚语文与文化荣誉教授钱存训先生曾高度评价这部分类法：分类大纲大致按照西方对知识的逻辑，但并不仿效威或国会的方法，而是全新的、自成体系的。见：程焕文.裘开明图书馆学论文选集［M］.桂林：广西师范大学出版社，2003.

② 汪东波.中国图书馆史·附录卷（重要人物传略）［M］.北京：国家图书馆出版社，2017：183–408.

十类法》。

戴志骞（1888—1963），清华学校图书馆馆长、国立中央大学图书馆馆长、中华图书馆协会首任执行部部长，民国初年新图书馆运动倡导人。

王云五（1888—1979），商务印书馆总经理，东方图书馆馆长，上海图书馆协会委员长。

杨昭悊（1891—1939），翻译《图书馆学指南》，著有国内第一部图书馆专业著作《图书馆学》。

洪业（1893—1980），燕京大学图书馆馆长，哈佛燕京学社引得编撰处主任，中国学术界"索引运动"的开创者和领头人。

洪有丰（1893—1963），在金陵大学、清华大学、中央大学等多所高校担任图书馆馆长，著有《图书馆组织与管理》等著述。

袁同礼（1895—1965），多年担任北京图书馆馆长，并出任北京图书馆协会会长、中华图书馆协会理事长，创办《北平图书馆馆刊》《图书馆季刊》等学术刊物。

李小缘（1897—1959），金陵大学图书馆馆长，金陵大学图书馆学系主任，民国初年新图书馆运动倡导人。

万国鼎（1897—1963），金陵大学图书馆学系教授，中国"索引运动"倡导人和践行者之一。

杜定友（1898—1967），曾在广东省立图书馆、中山大学图书馆、上海复旦大学图书馆等著名图书馆担任馆长，新图书馆学创始人之一。

蒋复璁（1898—1990），中央图书馆首任馆长，台湾中央图书馆馆长。

刘国钧（1899—1980），北京大学图书馆学系教授、系主任，新图书馆学创始人之一。

桂质柏（1900—1979），1931年美国芝加哥大学图书馆学院毕业，是我国第一个图书馆学博士，历任中央大学图书馆主任、武汉大学图书馆学系教授兼图书馆馆长，中国科学院武汉图书馆第一任馆长。

皮高品（1900—1998），多年担任武汉大学图书馆学系教授，编制《中国十进分类法》。

李芳馥（1902—1997），上海图书馆首任馆长。

王重民（1903—1975），北京大学图书馆学系创始人，教授、系主任，古籍版本学家。

顾廷龙（1904—1998），上海图书馆馆长，版本目录学家，主持编撰《中国丛书综录》和《中国古籍善本书目》。

严文郁（1904—2005），北京大学图书馆馆长，西南联大图书馆馆长，台湾辅仁大学教授。

赵万里（1905—1980），古籍善本专家，北京图书馆善本部主任。

周连宽（1905—1998），中山大学图书馆研究馆员，近代档案学奠基人之一。

朱士嘉（1905—1989），曾任武汉大学图书馆馆长，主持编撰《中国地方志综录》。

卢震京（1906—1968），1940年编撰《图书学大辞典》，后又编撰《图书馆学辞典》。

吕绍虞（1907—1979），武昌文华图书馆专科学校教授，武汉大学图书馆学系教授，著有《中国目录学史稿》。

邓衍林（1908—1980），北京大学图书馆学系教授，参与《全国图书协调方案》制定和《全国图书联合目录》编制。

梁思庄（1908—1986），燕京大学图书部主任，北京大学图书馆副馆长，西文编目专家。

沈宝环（1919—2004），沈祖荣之子，台湾东海大学、中山大学教授，世新大学资讯传播学系教授。

这些卓有成就的学者及其成果，有些已经在本书中提及或专门做了介绍，有的则限于篇幅无法一一论及。这里只简要介绍两位在中国图书馆学理论研究上最有影响力的人物：杜定友和刘国钧，他们二人被今天的图书馆学研究者称为"南杜北刘"。

在上节中已经详细介绍了杜定友先生的生平和在图书馆管理方面的业绩，其实他更大的成就还在思想理论研究方面。杜定友一生著述达600余万言，仅著作就有55种，可以说是中国图书馆学家当中著述最多的人。他的主要著作有《图书馆通论》（1925）、《图书分类法》（1925）、《学校图书馆学》（1928）、《校雠新义》（1930）、《图书管理学》（1932）、《汉字形位排检法》（1932）等，在图书馆学基础理论、图书分类学、图书目录学、汉字排检法、图书馆管理、图书馆建筑、地方文献等领域皆有突出的理论建树。如杜定友关于图书馆"三位一体"（书、人、法）及其不同时代重心不同的观点，图书馆学应由原理与应用两个层面组成的认识，中外书籍要统一分类的思想，以及给地方文献所下定义和范围（包括史料、人物、出版）等，都对中国图书馆学的发展产生过极大影响。杜定友图书馆学研究的最大特点是理论与实践能熔为一炉，创新意识非常强。

刘国钧，字衡如，江苏南京人。1920年南京金陵大学文学院哲学系毕业后，留校在图书馆工作；1922年赴美国威斯康星大学攻读图书馆学课程，并于1923年6月取得硕士学位；后又攻读哲学课程，1925年春获得哲学博士学位后返回国内。他先后在金陵大学图书馆、北平图书馆、国立西北图书馆任职或担任馆长。1951年后任教于北京大学图书馆学系并担任过系主任。

刘国均一生注重图书馆学研究，还在上大学期间就发表了题为《近代图书馆之性质》的论文，提出图书馆的性质是自动的、社会化、平民化的观点，把图书馆看作是文化教育机构，从而认为图书馆员应该是教育工作者。在20世纪二三十年代，他以丰硕的成果促进了中国图书馆学的发展，也奠定了他在中国图书馆学发展史上的地位。1929年编成的《中国图书分类法》，以古今中外图书统一分类为原则，因其先进、实用，为众多的图书馆使用。1930年出版的《中文图书编目条例》是当时图书馆中文图书编目最新、最好的规范，影响了其后50多年中国图书馆的编目工作。出版于1935年的《图书馆学要旨》，以系统分析的方法，将图书馆成立的要素归纳为四个方面：图书、人员、设备、方法，正式提出"要素说"的理论体系，以后又发展为图书、读者、领导和干部、建筑与设备五项要素。该书是我国近代图书馆论著中的经典之作，也是中国理论图书馆学形成的里程碑。

1943年，刘国钧奉命筹建西北图书馆，这使得他的理论有了一次实践的机会。西北图书馆是当时国立图书馆之一，且具有地方性。刘国钧针对这一特点，提出了办馆方针：保存文献，提高文化，促进学术，以增进人民之知识而协助政策之推行；服务对象以西北为主，发展方向是成为西北文化的研究中心、西北建设的参考中心、西北教育的辅导中心。这一方针体现了他的理论在实践中的具体应用。

任教北京大学后，刘国钧增订了《中国图书分类法》，又编制了《中小型图书馆图书分类表草案》。1957年以后，因避免与当时社会意识形态的冲突，刘国钧的学术研究重点转入了图书史、图书分类领域，并写了一系列的中国书史著作。1958年编著的《中国书史简编》是研究中国文献发展史的一部承前启后的著作。

"文革"期间，刘国钧在艰苦环境中仍密切关注世界图书馆学和图书馆事业发展趋势，第一个将计算机编制书目资料的新技术介绍到国内，写出了《"马尔克"计划简介——兼论图书馆引进电子计算机问题》，以及《一九六五年以来美欧图书馆学论文简介》，表现出开放的视野与伟大的预见，为中国图书馆现代化开辟了道路。

第五节　专业教育

我国现代图书馆学教育是在美国图书馆学者推动下开始产生的。1913年，美国图书馆专家威廉·克乃文（William Harry Clemons）在南京金陵大学主持图书馆工作时，曾在该校文科专业开设了图书馆学课程。这是目前已知在中国开设最早的图书馆课程。

1920年，美国图书馆工作者韦棣华在武昌开设了文华大学图书科，1929年经教育部批准改办为独立的图书馆学专门学校，名称易为"文华图书馆学专科学校"（后人简称其为"文华图专"，英文名称未变）。从此，中国的图书馆学教育事业百年来弦歌不辍。

韦棣华兴办文华公书林的事迹，前文已做介绍。当时的文华公书林实际上只有两名工作人员，即总理韦棣华和出任协理的文华大学毕业生沈祖荣，后来又加入了文华中学英语教师胡庆生。

在兴办文华公书林的过程中，韦棣华深感图书馆专门人才的匮乏，萌发了创办图书馆学教育机构的想法。1914年她资助沈祖荣去美国纽约州公共图书馆学校攻读图书馆学，从而使沈祖荣成为中国和亚洲第一个留学美国研习图书馆学的人士。沈祖荣 1917 年回国，除了在文华公书林工作外，还花了大量的时间在全国各地宣传美国式的图书馆，使得图书馆公开开放的理念逐步深入人心。1917 年韦棣华又派胡庆生赴纽约州公共图书馆学校攻读图书馆学。她自己也于 1918 年返回美国，到西蒙斯大学图书馆学校进修。1919 年韦棣华和胡庆生学成归国。

鉴于当时国内图书馆有所发展，但特别缺乏图书馆人才的状况，韦棣华向文华大学提出创办图书馆学校。1920 年 3 月文华大学文华图书科成立，韦棣华担任科主任，以文华公书林作为讲课场所及实习基地。

文华图专起初只招收文华大学在校大学生兼修图书馆学专业，学业两年。1926 年有了独立经费后，开始面向社会招收大学生。1929 年文华图专独立，改称武昌私立文华图书馆学专科学校，图书馆学教育发展的速度加快。

从 1920 年文华图书科正式成立到 1953 年 8 月并入武汉大学为止，文华图专为国内图书馆、档案馆界共培养了 600 多人。民国期间，国内重要图书馆的业务骨干，文华毕业生几乎占去了半壁江山。韦棣华为办好文华公书林和文华图专，屡次回美国学习图书馆学知识，四处募集经费，并躬亲管理，最后积劳成疾，于 1931 年 5 月病逝于武昌。其坚忍、刻苦的精神和坚定的信仰，支持她为中国图书馆事业做出了杰出的贡献。为纪念这位杰出女性，现在美国韦棣华基金会每年都支出约 1 万美元的奖学金来奖励在中国高校就读图书馆学、情报学的优秀学生。

沈祖荣 1903 年受湖北宜昌圣公会教堂推荐，就读武昌圣公会主办的教会大学文华书院（1916 年升为文华大学）。沈祖荣 1910 年毕业后，随从韦棣华进入公书林任职，1914 年赴美攻读图书馆学专业，1916 年毕业，获图书馆学学士学位，1917 年回国后全力协助韦棣华创办文华图专，投身图书馆教育事业，并终此一生。

1926 年，沈祖荣继韦棣华担任文华公书林总理（馆长），1929 年又任文华图专校长。1925 年参与组建中华图书馆协会并担任董事等要职。1929 年，沈祖荣作为中华图书馆协会唯一正式代表，前往罗马参加第一次国际图联（IFLA）国际图书馆与目录学会议，揭开我国图书馆界参与国际图书馆界事务与活动的序幕。在他主持下，文华图专于 1940 年增设档案专业，扩大教学规模，使我国有了全国唯一正式的档案管理专业和专门培养档案人才的机构。

1951 年，武昌私立文华图书馆学专科学校改为武昌公立文华图书馆学专科学校，1953 年学校整体并入武汉大学，并改名为武汉大学图书馆学专修科，学制仍为两年；1955 年学制改为三年；1956 年"武汉大学图书馆学专修科"改称"武汉大学图书馆学系"，同时学制改为四年。这期间，沈祖荣一直都是主要负责人。1977 年，沈祖荣先生与其夫人同日在庐山去世。

文华图专在韦棣华和沈祖荣的主持下，培养了许多图书馆学人才。如南京图书馆馆长汪长炳、上海图书馆馆长李芳馥、湖北省图书馆副馆长张遵俭、中科院图书馆副馆长顾家杰、四川大学图书馆馆长桂质柏和毛坤、中山大学图书馆研究员周连宽、外交部国际关系研究所图书资料室主任陈尺楼，以及后来去台湾的蓝乾章、沈宝环（沈祖荣之子）、严文郁等，都是文华图专的毕业生，也都是国内著名图书馆专家。还有一些毕业生在国外图书馆就职，如美国哈佛大学燕京图书馆创始人和馆长裘开明（1921 年毕业，曾编制《汉和图书分类法》）、房兆颖（1930 年毕业，在哥伦比亚大学执教）、童世纲（1933 年毕业，普林斯顿大学东亚图书馆馆长及美国亚洲研究委员会东亚图书馆分会主席）等，在海外服务期间取得了巨大成就，得到了许多荣誉。另有一些毕业生成为我国著名的图书馆学家，如分类学专家皮高品、图书馆学教育家徐家麟、索引专家钱亚新、目录学家吕绍虞、参考咨询专家邓衍林等。著名人类学家、博物馆学家冯汉骥，语言学家、外国文学专家戴镏龄，诗人王文山等，也都曾是文华图专的学生。

在 20 世纪四五十年代，图书馆学教育家王重民也为中国的图书馆学和图书馆学专业教育做出了突出贡献。

王重民，字有三，河北高阳人。1924 年入北京高等师范学校（后改名北京师范大学）学习，曾师从陈垣、杨树达等。1929 年毕业，受聘于国立北平图书馆。1934 年受派到法国、德国、梵蒂冈、英国等地图书馆收集与研究中国流失海外的图书资料，如敦煌遗书、太平天国文献、明清传教士著作及中国古籍孤本秘籍。他抄录卡片、拍摄缩微胶卷、做提要或札记，成绩斐然，知名海内外。二战期间为美国国会图书馆整理、鉴定中国古籍善本。1941 曾回国一次，参加抢运北平图书馆善本书送美国寄存工作。1947 年由美返回，仍任职于北平图书馆，并兼任北京大学中文系教授。

经王重民向当时的北京大学校长胡适建议，1947 年在北大中文系创办了图书馆学专修科，当年 9 月开始招生，当时只招收北大中文系、历史系成绩在 75 分以上的毕业生。1948 年底，王重民还代理国立北平图书馆馆长职务。1949 年，图书馆学专修科从中文系分离出来，王重民任主任。1952 年，他辞去北京图书馆副馆长职务，专职任北大图书馆学专修科主任。1956 年，经教育部批准专修科改为北京大学图书馆学系。

从图书馆学专业建立之初，王重民制订教学计划，延聘名师，如毛子水、赵万里、袁同礼、于光远、傅振伦、王利器、刘国钧等一批著名学者先后来任教或授课，为北大图书馆学系的壮大奠定了扎实基础。北大图书馆学系迅速发展为中国的图书馆学教育重镇，与武汉大学图书馆学系比肩而立，为中国图书馆事业培养了大批精英人才。

王重民的学术成就广为学界所知，他在敦煌学领域出版有《敦煌曲子词集》（1950 年）、《敦煌变文集》（1957 年）、《敦煌古籍叙录》（1958 年）等系列专著；在索引学领域他有《国学论文索引》（初编、续编、三编）、《清代文集篇目分类索引》（1935 年）、《敦煌遗书总目索引》（1962 年）等鸿篇巨制问世；在目录学领域有《中国善本书提要》（1983 年）、《中国目录学史论丛》（1985 年）、《校雠通义通解》（1987 年）等名作传世。他的著作代表了这些学术领域在当时的最高水平，至今仍是图书馆学、中国史学入门者必修的经典作品。

除了武汉大学图书馆学系（文华图专）和北京大学图书馆学系之外，民国时期兴办图书馆学正式教育的还有上海国民大学和金陵大学。

1925 年，上海国民大学在教育科内设立图书馆学系，学生毕业可获得学士学位。杜定友任系主任，任课教师有杜定友、胡朴安等，临时授课的有沈祖荣、刘国钧、李小缘、洪有丰等。

开设课程有：图书馆学概论、图书馆原理、图书馆行政、图书馆管理法、图书选择、图书编目法、分类法、图书参考法、研究法、目录学、古书校读法等；还安排学生到图书馆参观、实习。1926 年上海国民大学停办，图书馆学系也随之结束。

1927 年，金陵大学成立图书馆学系，系主任是李小缘。李小缘是我国 20 世纪新图书馆运动的倡导人之一，1921 年留学美国，1925 年回国后任金陵大学图书馆馆长兼图书馆学系主任。金陵大学图书馆学系授课教师有李小缘、万国鼎、刘国钧等，专业课包括：目录学、分类法、编目法、流通法、图书选择原理等。金陵大学图书馆学系多次停办又续办，抗战爆发迁至成都后，不久彻底停办。

据研究统计，至 1936 年，我国图书馆工作人员中，图书馆学专业的毕业生已有 100 多人。[1]

在图书馆学正规教育之外，图书馆在职培训也是专业教育的重要内容。民国期间，举办过多次较大规模的图书馆学讲习班。较早的有 1920 年北平高等师范学校开设的暑期图书馆学讲习会，由著名高校图书馆馆长李大钊（北京大学图书馆主任）、沈祖荣（文华大学图书馆馆长）、程伯庐（北平高等师范学校图书馆馆长）等主讲。规模较大的有 1922 年杜定友在广州创办的广东图书馆管理员养成所，南京东南大学于 1923 年、1924 年开办的由洪有丰、刘国钧、杜定友、李小缘等主讲的暑期图书馆讲习科等。据资料记载，1920—1949 年全国各地举办的图书馆讲习班、养成所共有 30 多次；杜定友、刘国钧、李小缘等专家不辞辛苦，到全国各地培训图书馆业务人员，接受培训的达 1000 多人。[2]

---

[1] 谭华军. 回溯欧美图书馆学的中国本土化历程——兼述《南京大学百年精品·图书馆学卷》[J]. 大学图书馆学报，2002，20（5）：82–84.

[2] 谢灼华. 中国图书与图书馆史［M］. 武汉：武汉大学出版社，2011：361.

第七讲
现代化之路

第一节 现当代图书馆历史的分期

中国图书馆从 1949 年至今仍在延展的历史，一般统称为现代或当代图书馆史。细究起来，以公元 2000 年前后为界，此前为现代图书馆史，此后为当代图书馆史，似更为精确妥当，更便于阐述，也符合史学界惯用的提法。本书就是以此为凭进行论述的，其下限大体截至 2011 年左右。

关于中华人民共和国成立后的历史，学界的主流观点是划分为五个历史时期：1949—1956 年，以苏联建设道路为目标模式的时期；1956—1978 年，探索中国社会主义建设道路时期；1978—1992 年，开创中国特色社会主义建设道路时期；1992—2003 年，确定并初步建立社会主义市场经济体制时期；2003 年至今，中国特色社会主义建设进入新的发展阶段。[①]

图书馆的历史发展，既是中国现当代"大历史"的组成部分，又有其固有的特点和规律。对于现代及当代图书馆的历史发展如何进行分期，业界存在不同的看法，其中影响较大的有如下几种：

程焕文将现代中国图书馆事业发展分为四个时期：兴起时期（1949—1965年），停滞时期（1966—1976 年），复兴时期（1977—1991 年），黄金时期（1992

---

① 朱佳木 . 论中华人民共和国史研究［J］. 中国社会科学，2009（1）：174.

年至今）。①

黄宗忠提出"五阶段论"：1949—1957年为图书馆事业稳步上升的阶段，1958—1966年为图书馆事业曲折前进的阶段，1966—1976年为文化大革命对图书馆的破坏时期，1976—1978年为图书馆事业全面恢复阶段，1979—2003年为图书馆事业全面发展阶段。②

柯平等提出将我国现代图书馆事业发展分为五个阶段：一，1949—1957年新中国图书馆事业的开创阶段，二，1958—1977年"大跃进"和"文革"时期图书馆事业的曲折阶段，三，1978—1984年图书馆事业的恢复发展阶段，四，1985—1991年图书馆事业的全面改革探索阶段，五，1992年至今图书馆事业深化改革和现代化转型阶段。③

肖希明在总结诸家论点的基础上，将当代中国图书馆事业发展分为六个历史时期：1949—1956年是新中国图书馆事业创建与初步发展时期，1957—1965年是新中国图书馆事业曲折发展时期，1966—1976年是图书馆事业在"文化大革命"中受到严重破坏的非常时期，1977—1989年是我国图书馆事业在改革开放中快速发展的新时期，1990—1999年是我国图书馆向现代化转型时期，2000—2009年是我国图书馆事业大发展大繁荣的时期。④

潘燕桃的论点是把近六十年的中国图书馆历史（主要是公共图书馆历史）分为五个时期：1949—1957年为建设时期，1958—1977年为异化时期，1978—1991年为复苏时期，1992—2005年为异变时期，2006年至今为理性复归时期。⑤

诸家观点均有理据，没有正误之分，唯有视角不同，对图书馆历史发展的理解有异。本书采用的是潘燕桃的论点，将现当代中国图书馆的历史分为五个阶段，分别加以概括的论述。

---

① 程焕文.百年沧桑世纪华章——20世纪中国图书馆事业回顾与展望［J］.大学图书馆学报，2009（2）：2–8.

② 黄宗忠.中国新型图书馆事业百年（1904—2004）［J］.图书馆，2001（2）：4–8.

③ 柯平，李卓卓.中国图书馆精神——纪念中国图书馆事业百年［M］.中国图书馆学会.中国图书馆事业百年.北京：北京图书馆出版社，2004：1–10.

④ 绪论［M］// 肖希明.中国图书馆史·现当代图书馆卷.北京：国家图书馆出版社，2017：1–8.

⑤ 潘燕桃.近60年来公共图书馆思想研究［M］.广州：中山大学出版社，2011.

第二节　现当代图书馆的历史发展

参照当代学者的研究成果，以公共图书馆为主线，这里将20世纪下半叶以来中国图书馆的发展大致分为五个时期，分别加以简要介绍。[①]

1. 建设时期（1949—1957）

1949年中华人民共和国成立后，国民经济得到恢复，工业化进程加快，人民生活水平提高，图书馆事业也进入恢复和建设的新阶段。

第一个五年计划提出的图书馆建设方针是："提高质量，全面规划，加强领导，又多、又快、又好、又省地发展图书馆事业。"1955年出台了《文化部关于加强与改进公共图书馆工作的指示》，1956年颁发了《中华人民共和国高等学校图书馆试行条例草案》，使全国图书馆事业走上了有计划发展的道路。公共图书馆数量从1952年的83所增加到1957年的400所。

"为工农兵服务"和"向科学进军"是这一时期图书馆界最为响亮的两个口号。图书馆普遍推行"开门办馆"，"普及为主，普及与提高相结合"的方针，并为科研工作创造条件，建立文献保障。

1957年颁布的《全国图书协调方案》，就是"向科学进军"的产物，在我国图书馆史上具有里程碑式的意义。方案中的有关规定，如在国务院科学规划委员会下设图书小组来统筹规划、安排全国图书工作，在北京、上海建立中心图书馆委员会，编制全国图书联合目录等，至今仍有积极意义。可惜的是，方案中的措施大多未能真正贯彻执行。

这一时期的兴办图书馆的思想方针主要来自苏联。列宁的图书馆理论，包括列宁夫人克鲁普斯卡娅有关儿童图书馆的论述，均被奉为圭臬。多名苏联专家来华指导图书馆工作，翻译引进了苏联图书馆专业文献，举办苏联图书展览，中苏图书馆之间进行馆际互借和书刊交换。但苏联的图书馆建设指导思想也存在许多消极影响，如夸大图书馆的意识形态功能，实行"泛政治化"，片面强调图书馆的"阶级性"，突出为政治服务、为工农兵服务等。不加分析地照搬苏联模式和

---

① 潘燕桃. 近60年来公共图书馆思想研究［M］. 广州：中山大学出版社，2011. 本节中引用资料，除注明者外，均取自该书。

苏联理论，在某种程度上制约了中国图书馆事业和图书馆学研究的发展。[①]

2. 异化时期（1958—1977）

从 1957 年"反右斗争"和 1958 年"大跃进"开始，直至"文化大革命"结束，是中国历史上政治运动连续不断的时期。全国性的政策方针都出现了严重的失误，图书馆也因此受到摧残，办馆方针异化，事业发展停滞乃至倒退。

这一时期，图书馆业务受到极大冲击。大批藏书被封存甚至销毁，《杜威十进分类法》《美国国会图书馆分类法》《中国图书十进分类法》都被禁用。

值得注意的是，在"文革"后期，动乱局面稍有好转，广大图书馆工作者在极其困难的情况下开展工作，取得了一些成就。

1971 年，北京图书馆（今国家图书馆）牵头，联合全国 30 多家图书馆，在50 年代编制的《大型图书馆图书馆分类法》的基础上，开始了《中国图书馆图书分类法》（简称《中图法》）的编制工作。1975 年，《中图法》正式出版。尽管由于当时特定的历史背景，这部分类法受到极左思想影响，存在很多不足，但仍不失为难得的重要业务成果。

1974 年，随着"汉字信息处理系统工程"（即"748 工程"）启动，《汉语主题词表》（简称《汉表》）作为"748 工程"的配套项目被提出。由中国科技情报所、北京图书馆牵头，负责《汉表》的编辑工作，前后历经四年，于 1979 年出版了适用本，1980 年正式出版第一版。

尤其值得一提的是图书馆自动化研究开始起步，着手进行机读目录（MARC）的研制。北京大学刘国钧教授于 1970 年开始系统研究美国国会图书馆 MARC，1975 年发表了《"马尔克"计划简介——兼论图书馆引进电子计算机问题》一文，首次较全面地介绍了美国图书馆研发 MARC 和应用电子计算机的情况。后来刘国钧又编写成《马尔克款式说明书资料汇译》，对推动图书馆编目工作的自动化产生了深远影响。[②]

3. 复苏时期（1978—1991）

1976 年，历时十年的"文化大革命"结束。1978 年，中共十一届三中全会

① 范兴坤 . 20 世纪 50 年代中苏图书馆事业交流及其影响研究［J］. 图书情报工作，2009（3）：132-136.

② 周文俊，王红元 . 中国图书馆学研究史稿［M］. 北京：北京大学出版社，2011：441.

确立了改革开放的基本国策，标志着中国进入了以改革开放和经济体制改革为主要指导方针的历史新时期。我国的图书馆事业也从停滞中恢复，通过一系列的拨乱反正措施，开始了从传统图书馆向现代化图书馆的转变。

这一时期的图书馆理论研究和业务工作都有了很大进展，在书目著录、文献分类、主题标引等主要业务领域制定了多项国家标准。现代化新技术，尤其是电子计算机技术开始在图书馆应用，开始了图书馆自动化的新阶段。图书馆学教育也在全国范围兴起。

一系列重要的纲领性文件均在这一阶段产生，按照时间顺序主要有：1980年中央书记处通过的《图书馆工作汇报提纲》，1981年教育部颁发的《中华人民共和国高等学校图书馆工作条例》，1982年文化部正式发布的《省（市、自治区）图书馆工作条例》，1987年中宣部、文化部等四个部门联合发布的《关于改进和加强图书馆工作的报告》。其中《图书馆工作汇报提纲》是全国图书馆工作的指导性文件，是在2018年1月1日《中华人民共和国公共图书馆法》正式实施之前，我国唯一的国家级图书馆政策，标志着我国图书馆事业正式步入一个新的繁荣发展时期。

1979年，中国图书馆学会成立，各省市图书馆学会也相继成立，随之开展了各类图书馆学术活动，并参加重要的国际会议。

1981年开始实行图书馆专业技术职称制度。依据文化部、国家档案局、国家人事局拟定的《图书、档案、资料专业干部业务职称暂行规定》，图书馆业务人员职称定为研究馆员、副研究馆员、馆员、助理馆员、管理员五个等级。

图书馆自动化建设飞速发展，建成了一批集成管理系统。其中深圳图书馆联合全国各家图书馆研制的"图书馆自动化集成系统"（ILAS）是国内用户最多、推广面最广、实用性最强的系统。[①]

据统计，从1980年至1990年，县级以上公共图书馆的数量从1732所增加到2537所，藏书量从19904万册增加到29064万册，馆舍面积从92万平方米增加到326万平方米，购书经费从2273万元增加到8474万元。

4. 异变时期（1992—2005）

---

① 谭祥金. 深圳图书馆的成功之路 [J]. 图书馆论坛，2007，（6）：159–162.

1992 年我国开始确立社会主义市场经济方针，正式步入了市场经济时代。经济建设成为这一时期的"头等大事"。这一时期中国图书馆发展的最大特点有两个：一方面图书馆事业快速发展繁荣，馆舍、设备条件得到极大改善，自动化、数字化建设显露峥嵘，另一方面全国广大图书馆尤其是公共图书馆办馆方针上乱象丛生，理论导向迷失。

该时期的图书馆事业发展迅速，一大批图书馆新馆舍上马。依然以公共图书馆为例，从 1990 年到 2005 年，县级以上公共图书馆的数量从 2537 所增加到 2762 所，藏书量从 29064 万册增加到 48056 万册，馆舍面积从 326 万平方米增加到 677 万平方米，购书经费从 8474 万元增加到 59781 万元。

从国家层面讲，1996 年在北京举办了第 62 届国际图联（IFLA）大会，推出了"知识工程"、高校图书馆评估、公共图书馆评估定级等一系列举措。1999 年，正式启动了中国高等教育文献保障体系（CALIS）。

这一时期信息技术在全球范围高度发展，为图书馆的进步和转型提供了技术基础。同时，信息服务业也迅速崛起，信息市场逐步形成。中国图书馆的自动化系统得到进一步开发和升级，网络化建设、数据库建设、国际联机检索、数字图书馆建设等，都得到飞跃式的发展。多个重大项目相继上马，如国家教委"数字图书馆技术研究"，国家计委、文化部"中国实验性数字图书馆项目"，国家科委"数字图书馆示范系统"等。

与此同时，由于市场经济大潮冲击，某些政策的错误导向，以及图书馆界内部精神缺位、办馆方针异变，也导致许多乱象。乱象的突出表现有二：一是"有偿服务"，二是"区别服务"，致使图书馆办馆方针出现偏差。"有偿服务"就是服务收费，也称之为"以文养文""经营创收""图书馆产业化"等。此举抹煞了图书馆的根本特质——公益性。"区别服务"的本意是因材施教，有针对性地对不同读者服务，但在执行中往往成了"确保重点"和变相收费的借口，排斥广大普通读者，侵害了民众平等地享用图书馆的权利。

图书馆的这些做法，也是有国家政策为依据的。1987 年 2 月，文化部、财政部、国家工商管理局联合发出《文化事业单位开展有偿服务经营活动的暂行办法》，肯定了开展有偿服务"以文补文"方式在"补充文化事业单位的经费不足"

方面的积极作用，提出文化事业单位除了开展有偿服务外，还可以开展其他经营活动。同年 10 月，中宣部、文化部、国家教委、中国科学院《关于改进和加强图书馆工作的报告》也指出："在国家政策、法令规定的范围内，结合图书馆自身的条件，本着更好地为社会服务的原则，开展一些必要的、合理的有偿服务，对于搞活图书馆工作，补充图书馆事业经费不足，发挥图书馆工作者的积极性是完全必要的。"这两份文件为公共图书馆开展有偿服务提供了政策依据。[①]

进入 90 年代，图书馆有偿服务一时蔚成风气，并成为难以遏制的发展趋势。据一项调查显示，截至 1993 年，全国公共图书馆中开展有偿服务的占 43%，其中江苏、湖南、上海、北京等省市占总数的 70% 以上，湖北省则高达 88.1%。[②]

这些有偿服务的泛滥造成了很恶劣的后果。很多图书馆借此巧立名目向读者乱收费。收费花样繁多，许多本属图书馆基本服务的内容都列入了收费范畴，造成几乎没有不花钱的服务的混乱局面。更多的图书馆把出租场地当作主要创收手段，挤占了读者的服务空间。

这种短期求利的行为，不仅在经济效益上得不偿失，而且大大损害了图书馆的公益形象，直接影响了社会信任和政府投资，使图书馆在社会上被日益边缘化。

5. 理性复归时期（2006 年至今）

中国图书馆事业大繁荣大发展的局面，自 2000 年前后已经开始，2005—2006 年达到高潮。据统计，至 2012 年，全国公共图书馆数量已达 3076 所，建筑面积 1058.42 万平方米，文献总藏量 78852 万册 / 件，财政拨款 934890 万元，购书经费 141253 万元。这样的发展规模，不仅是多年前难以想象的，也超过了许多发达国家。

图书馆立法工作列入日程。早在 1996 年，深圳就完成了《深圳经济特区公共图书馆管理条例》的地方性法规，同年上海制定了《上海市公共图书馆管理办法》地方行政规章。2001 年，文化部组织启动了《中华人民共和国图书馆法》编制项目。2005 年，确定先启动《公共图书馆法》。经过长期调研和论证，《中华人民共和国公共图书馆法》于 2018 年 1 月正式实施。

---

① 肖希明 . 中国图书馆史 · 现当代图书馆卷（绪论）[M]. 北京：国家图书馆出版社，2017：332.
② 张占国 . 现代图书馆服务创新与服务评价 [M]. 北京：北京图书馆出版社，2004：303.

2006年，中国图书馆学会组织了"志愿者行动"，对县级图书馆管理者为主的基层图书馆工作者进行专业培训。2009年，"全国图书馆志愿者行动"获第三届文化部"创新奖"。

进入21世纪以来，中国图书馆界取得的最大成就和发生的最大变化主要有两个：一是以IT技术为代表的新技术大量进入图书馆领域，给中国图书馆业务和服务带来了全新的变化；二是中国图书馆思想上拨乱反正，在推动和发扬图书馆精神尤其是公共图书馆精神上迈出全新的一步。这两项成就标志着中国图书馆进入了现代化的新阶段。

这一时期的图书馆自动化、数字化水平得到全面提高。"中国数字图书馆工程""全国文化信息资源共享工程"相继上马，并取得显著成效。基于网络系统的深圳图书馆ILAS新系统行销国内外4000多家图书馆，其他各具特色的系统也大量涌现。与此同时，一些大型图书馆还引进了国外系统，如以色列ExLibris公司的Aleph500，美国SIRSI公司的UNICON，美国Epixtech公司的HORIZON等。

许多新技术手段得到应用，主要有web2.0、移动图书馆、云服务、射频识别（RFID）等。一些综合性创新产品出现，如深圳图书馆研制的"城市街区自助图书馆"就是应用了RFID、移动通讯、网络服务、机械传动等技术的成果，该产品获文化部2009年度首届"创新奖"。

更为重要的是，在图书馆界诸多有识之士的发起下，从学术理论到图书馆实践，都进行了拨乱反正，实现了图书馆办馆思想方针的理性复归，并逐步与国际化进行接轨。这一时期的标志性起点，是2006年杭州图书馆、深圳图书馆新馆相继开馆，宣布实行全面免费服务。深圳图书馆还旗帜鲜明地打出了"开放、平等、免费"的旗号。理论思想上的突破，集中反映在湖南《图书馆》杂志于2005—2007年创办的"21世纪新图书馆运动"栏目上，以及诸多理论研究者和图书馆工作者的大量著述和实践成果。

思想理论导向的主要社会成果体现为两个文件的面世：一是2008年发布的《图书馆服务宣言》，二是2011年文化部、财政部颁发的《关于推进全国美术馆、公共图书馆、文化馆（站）免费开放工作的意见》。

2008年10月，中国图书馆学会正式发布了《图书馆服务宣言》。这是中国图书馆人历史上第一次向世人表达了现代图书馆的理念，在业界内外引起很大反响。这一文件虽然名为"服务宣言"，但其思想内涵远远超越了图书馆服务工作的范畴，宣示了公共与公益、平等与自由、共享与合作、人文关怀等图书馆核心价值观和职业精神，也体现了图书馆界对根本性指导思想和办馆方针的认同和共识。

2011 年 2 月，文化部、财政部下发了《关于推进全国美术馆、公共图书馆、文化馆（站）免费开放工作的意见》。文件明确提出了图书馆保障公益、免费开放的要求。从此，全国图书馆，尤其是公共图书馆，进入了全面免费的时代。恰如研究者指出的，少数城市图书馆率先提出的"开放、平等、免费"的办馆方针，由学界大力倡导和部分先进图书馆的戮力践行，到最后正式成为国家的政策，是21 世纪中国图书馆界的最大成就。[①]

在公共图书馆理性回归的基础上，各地开始尝试构建公共图书馆服务体系。所谓公共图书馆服务体系，主要指一个地区的公共图书馆以普遍均等服务、实现信息公平为目标，以合作的方式提供图书馆服务，主要方式有：1. 建立各层级的公共图书馆，包括乡镇 / 街道、社区 / 乡村的图书馆；2. 建立图书馆总分馆体系；3. 建设区域性服务网络。[②]深圳市"图书馆之城"、苏州市总分馆体系、嘉兴市服务模式等，都是成功的探索结果。

① 吴晞.清话书林 [M].北京：社会科学文献出版社，2015：104–110.

② 于良芝,邱冠华,许晓霞.走近普遍均等服务时代：近年来我国公共图书馆服务体系构建研究 [J].
中国图书馆学报，2008（3）：31–40.

第八讲
当代图书馆概述

第一节　服务社会

基于当代图书馆的特点，本讲不再依照历史发展的思路进行介绍，而是围绕当代图书馆的若干热点问题做扼要的论述分析，以期展现 2000 年之后中国当代图书馆的基本精神内涵和总体面貌，其下限大体截至 2011 年前后。

上文已论及，21 世纪中国图书馆界取得的最大成就，一是以 IT 技术为代表的新技术广泛应用，给中国图书馆业务和服务带来了全新的变化；二是中国图书馆界在思想上拨乱反正，全面推动了图书馆事业的嬗变和发展。细究起来，新技术主要是 IT 等行业的成就，图书馆界只是拿来应用，谈不上有多少创新，而当代图书馆界尤其是公共图书馆在理论观念上的回归、重建与创新，给全国图书馆带来的推动和促进，才是 21 世纪中国图书馆取得的最大成就。

当代社会，公民都有权利提出这样的问题：一个社会、一个城市、一个公民，为什么需要图书馆？纳税人为什么要出钱出力建设图书馆，并长期支持其运作？人们从中能得到什么收益和回报？这就牵涉现代图书馆的价值观与社会功用的问题。

国家图书馆在 2009 年纪念建馆一百周年时，曾向全社会公开征集宣传口号，最后确立的是"传承文明，服务社会"。这八个字不仅凝聚了"百年国图"的精髓与实质，还深刻揭示了中国当代图书馆生存和发展的意义。如果用图书馆专业理论来表述的话，"传承文明"就是"存储知识"，"服务社会"就是"传播知识"；两者之间还有一个环节，即"优化知识"，就是以图书馆为主体的社会文献信息机构对人类海量的知识资源筛选过滤，进行选择性保存、整理和开发，形成优质的知识集合。

先从"服务社会"说起。这里所说的"服务社会"与其他行业所说的"服务"有很大的不同，也不等同于图书馆的读者服务工作，如阅览、外借、参考咨询等。"服务社会"体现了图书馆的核心价值观。这种价值观可以归纳为公益、自由、平等，包括了信息与知识自由、全面开放方针、免费服务原则、职业道德精神等。这些理念是具有世界性的，与国际趋势接轨的，不受意识形态、政治制度和国家政权等因素的影响，具有普世的价值，也是《公共图书馆宣言》等国际通行的权威文件所肯定和提倡的。

国际图书馆界对现代社会图书馆尤其是公共图书馆的价值观念，是百年来逐渐形成的，可以概括为：1. 对全社会开放，尤其是公共图书馆，其他类型的图书馆也要以对社会普遍开放为目标；2. 智识自由，作为基本人权，公民享有文化权利和使用图书馆的权利，图书馆要保障公民的这种基本权利；3. 平等服务，也可表述为普遍均等服务，每个公民都有权利享有图书馆服务，而不受年龄、种族、宗教、政治、性别等因素影响；4. 关注困难群体和弱势群体，贯彻"以人为本"的精神；5. 消弭数字鸿沟或信息鸿沟，努力消除人们在信息利用上的不平等；6. 建设公共图书馆服务体系。①

国际通行的图书馆价值观得以被中国图书馆界所接受，有着一个漫长的过程。从历史发展的角度看，20 世纪下半叶之后，尤其是进入 21 世纪之后，图书馆价值观的建立可以归结为四个转变：1. 从阶级斗争工具向普遍均等服务的转变；2. 从有偿服务向公益服务的转变；3. 从封闭服务向开放服务的转变；4. 从以书为本向以人为本的转变。

正是在这个意义上，我们可以将图书馆，尤其是公共图书馆，称之为"天下

---

① 范并思. 现代图书馆理念的艰难重建——写在《图书馆服务宣言》发布之际 [J]. 中国图书馆学报，2008（6）：6–10.

之公器"。公器的基本含义是"天下共用",其典出自《庄子·天运》:"名,公器也。"西晋郭象《庄子注》曰:"夫名者,天下之所共用。"后人因之将名位、爵禄、法律、学术等称为"天下之公器",如《旧唐书·张九龄传》:"官爵者,天下之公器";《资治通鉴》(卷一四):"法者天下之公器,惟善持法者,亲疏如一";梁启超《欧游心踪录》:"学术者,天下之公器也"。"公器"一词遂成为全社会共有、共用名物之概称。图书馆即为典型之天下公器或社会公器①。

图书馆作为天下公器,其核心就是人文关怀的精神。具体说来,就是开放、平等、免费、政府创建、公费支持。这是曼彻斯特公共图书馆的首倡,也是《公共图书馆宣言》的基本原则。一个图书馆如果具备了这些特征,就可以称之为现代意义上的图书馆;反之,则不是现代图书馆,或者说不是合格的现代图书馆。一个合格的现代图书馆,尤其是公共图书馆,必须充分体现现代社会中的人文关怀、人本主义、以人为核心等民主社会价值观。

正是基于这种认识,我们可以说:从社会的角度看,图书馆不仅是一种社会机构,还是一种社会制度。②图书馆,尤其是公共图书馆的存在,使每一社会成员具备了自由、平等、免费地获取和利用知识信息的权利,代表了知识信息的公平分配,从而维护了社会的民主和公正。图书馆存在的意义超过了图书馆机构本身,有着无可替代的历史使命和社会责任,向全社会宣示了现代民主、公民权利和人人平等的重要价值观念。

然而,这种图书馆的核心价值和基本精神,在我国图书馆却是长期缺失、缺位的。如前所述,现代意义上的图书馆,尤其是公共图书馆,是西方思想文化传入的产物。在我国新型图书馆创建之初,限于当时的历史条件,前辈们更多地注重图书馆的社会教育职能,引进的多是有关图书馆的方法和技术,而在一定程度上忽视了图书馆的基本精神和社会意义。1949年后,在"以阶级斗争为纲"的政治环境中,这些来自西方的观念自然成为禁区。新时期改革开放为我国图书馆的发展带来了空前的机遇,但与此同时又受到市场经济大潮的无情冲击,致使经营创收、以文养文、文化产业等种种弊端一时占据主流。因此,我国图书馆先天

① 吴晞. 天下之公器 [M] // 清话书林. 北京:社会科学文献出版社,2015:94-103.
② 范并思. 公共图书馆制度研究:十年回顾与述评 [J]. 图书馆杂志,2013,(7):9-15.

不足、后天压抑、畸形发展、精神缺位，是长期存在的事实。

正是由于精神缺位，致使种种弊端层出不穷。在一些公共事件中，公众舆论几乎一边倒地攻击和反对图书馆。其实也不奇怪，多年来图书馆对社会，对民众"欠账"太多，积怨太深，"天下苦秦久矣"，于是这些挑头发难的人就成了"陈胜""吴广"，这些具体事件就成了"骆驼身上的最后一根稻草"，激起了众怒是很自然的。

在众多的弊端中，最遭诟病的是服务收费和拒绝平等提供服务这两个问题。

收费在图书馆并不是绝对禁止的，国外发达国家的图书馆也有收费服务项目，作为额外占有公共资源的一种调节。但是将服务收费与图书馆"创收"挂钩，与图书馆职工的奖金、待遇甚至工资相联系——则是鲜明的"中国特色"。在这样的环境下，许多馆员要靠"创收"养活自己，许多馆长要靠"造血"养活职工乃至支撑整个图书馆的运作——这绝对是不正常的。这样的图书馆，不仅失去了作为公共图书馆的精神与灵魂，也失去了社会存在、获取社会支持的基本依据。

如果说某些图书馆在服务收费上还有些羞羞答答的话，那么拒绝平等提供服务就有着许多冠冕堂皇的借口：控制借阅是为了"保护文献遗产"；拒绝"三无人员"进馆是为了"维护社会治安"；高等级图书馆不接待普通读者是因为图书馆的"服务层次"不同，区别服务是为保障有一定级别的所谓"重点读者"；而为领导服务则是"为了全体人民的根本利益"——这些说法看起来堂而皇之，实际上没有一条是站得住脚的，因为它们违背了公共图书馆作为公共服务机构的根本原则。顺便说到，图书馆读者的"身份"问题是有世界性背景的，美国的图书馆在20世纪60年代前还存在种族隔离条款，是马丁·路德·金领导的民权运动，才促使美国图书馆协会（ALA）在《图书馆权利宣言》中增加了不论读者的种族、宗教或个人信仰均应得到公平服务的条款。

早在20世纪90年代起，图书馆界有识之士就曾尖锐指出这些经年存在的弊端，呼吁图书馆应该高举人文关怀的大旗①，并对图书馆服务现状进行了严厉的批判②。20世纪以来，通过图书馆界有识之士和社会各界的倡导、呼吁，深圳图

---

① 吴晞. 图书馆与人文关怀［J］. 图书馆，1999（1）：46–47.

② 程亚男. 关于阅读的另一种诠释——兼及图书馆的人文思考［J］. 图书馆，2002（4）：3–7.

书馆、杭州图书馆等城市公共图书馆的大胆探索践行，以上弊端已经有了极大改观。近年来，图书馆界已取得广泛共识，政府也出台了多项措施和政策，将公共图书馆定性为公益文化单位，将图书馆的基本服务公益化、普遍化、均等化。通过业界的努力，将公共图书馆的精神、理念变为国家的政策方针，使全国图书馆朝着正确的方向发展，是21世纪中国图书馆事业发展的最大成就。

21世纪以来，当代中国图书馆界的弊端和改革后的新貌，可以从曾在全国引起广泛社会影响的"国图事件"（2004年）、"苏图事件"（2005年）和"杭图事件"（2011年）中充分反映出来。这几个"事件"鲜活地演绎出中国当代图书馆在21世纪以来的困窘和变化。

"国图事件"最为引人注目，不仅因为事件发生在国家图书馆，而且因为这种现象颇具代表性。[1]

2004年10月14日，暨南大学出版社副总编辑周继武在《南方周末》上发表了《国家图书馆借书记》一文，记载了他在国图的两次借书经过。2004年3月，周继武第一次前往国图借书，对国图收取阅览证工本费、典藏书复印费等感到不满。2004年5月，周再次前往国图查阅图书，先后因读者卡、索书单与管理员争执，"楼上楼下跑了三趟，折腾一个多小时"，被告知没有书，其实他上次在国图看过此书。周找到典藏部主任也无济于事。后经一位前任副馆长帮忙，才被告知书已找到。但此时距离阅览室关门只剩下很短的时间，周于是放弃再进阅览室。经过三个多小时的折腾，周最终连书皮都未能摸到。

周文认为，国图将国家藏书变成"奇货可居的垄断资源"，将图书馆借阅变成"租书""抵押"，限制或剥夺了许多低收入者、低职位者、低职称者、低学历者、无职业者和外地人的阅览权或外借权。这样做是"对公共图书馆理念的践踏和对中国图书馆事业的误导"。

此文一经刊发，加上网络媒体的迅速传播，立即在社会各界引起强烈反响，舆论几乎是一面倒地对周的遭遇表示同情和愤慨，并支持其观点。与此同时，还引发了图书馆界内部的一场大讨论。

经过反省和检讨，国图对外宣布了相应的整改措施，包括降低借阅的门槛和

① 吴晞.图书馆史话［M］.北京：社会科学文献出版社，2015：138–142.

限制，取消部分不合理收费，减低部分收费金额等，舆论才随之平息下来。

"国图事件"体现了中国图书馆普遍存在的一系列严重问题：

第一，侵犯公民平等地利用图书馆的权利。图书馆非但没有提供应有的信息资源服务，还人为地设立了很多障碍，将读者分为三六九等，随意拒绝服务，将所管理的国家资源作为一种把持着的特权。

第二，任意乱收费。周继武在借阅过程中遭遇的收费就有：办理中文借书证收费 20 元加押金 100 元，后由于检查读者卡又补交 100 元，办理外文借书证要收费 20 元并加押金 1000 元，复印每页 5 元（当时市场价为每页 0.2 元），阅览室每次阅览收费 20 元，存包费每次 0.5 元，等等。周继武所遭遇到的，实际上只是国图庞大收费项目中的一小部分，其他图书馆更有着五花八门的收费名目。

第三，图书馆从业者的职业道德和职业精神匮乏。工作人员的傲慢、冷漠，缺乏耐心、责任心，是本次事件的直接导火索。

"苏图事件"发生在 2005 年。这年 3 月，北京大学教授漆永祥在"学术批评网"上发文披露他向苏州图书馆古籍部提出复制或抄录古籍的要求遭到拒绝的经过，并对苏图的古籍服务提出尖锐批评。而后又在《中华读书报》发文再度抨击苏图及图书馆界的做法。

据漆文介绍，从 2004 年 9 月到 2005 年春节，漆曾多次要求复制或抄录苏图收藏的一部孤本古籍，强调愿意支付一切费用。而苏图善本部负责人的答复是：苏图对善本尤其是孤本，严格规定不许拍照、复制和全部抄录，只能由苏图整理发表。为此，漆文对苏图提出了质问和批评，并呼吁社会关注读者利用古籍的权利问题。

漆永祥的文章引起媒体和公众的强烈反响，也引发网民的广泛关注，主流舆论均站在图书馆的对立面。

公正地讲，漆教授要求享受公平利用图书馆的权利本没有错，苏图保护古籍的做法也无可厚非，毕竟古籍善本有其特殊性。但这件事反映出社会公众权利观念的觉醒和维权意识的提高，由"臣民心态"转变为"公民意识"，这是一个巨大的进步，也是促进图书馆沿着正确道路健康发展的基本社会环境。

"杭图事件"发生在 2011 年 1 月，这天一位网友发了以下一条微博："杭州图书馆对所有读者免费开放，因此也有了乞丐和拾荒者进门阅览。图书馆对他们的唯一要求就是把手洗干净再阅读。有读者无法接受，于是找到（馆长）褚树青，说允许乞丐和拾荒者进图书馆是对其他读者的不尊重。褚树青回答：我无权拒绝他们入内读书，但您有权利选择离开。"

这条看起来不起眼的微博，在半天时间内就被网友疯狂转发了10000余条，评论近2500条，不少网友对杭州图书馆的做法赞叹不已，更将其称为"史上最温暖图书馆"。更有网友改编了阿根廷作家博尔赫斯的名言，"如果中国有天堂，那应该是杭州图书馆的模样，乞丐坐在天堂里，于是忘了地狱的模样。"

实际上这是一条"旧闻"，因为事情发生在两年前，而且褚树青馆长的原话是："我无权拒绝他们入内读书，但您有权利选择换个区域。"这点儿差别虽微小，却很重要，那位自诩"有身份"的人也是公民，杭州图书馆并没有以任何方式让他"走开"。这样才符合公共图书馆所恪守的以公民平等权益为核心的人文价值观。

这件事在社会上引起强烈反响，各大媒体纷纷报道和采访，杭州图书馆褚树青馆长成为一时的"红人"。事实上，当时这一理念在杭州和全国许多地方已经成为公共图书馆的共识和基本的办馆方针，但是在社会上一直没有引起足够的关注。公民意识的涌现、臣民意识的退场，在等待一个适当的契机。杭州图书馆的火花，点燃了公众对公共图书馆的热情，也让公共图书馆步履维艰地推行多年的价值观得到机会向全社会做一亮丽展示。

短短的几年时间，图书馆的公众形象发生了巨大变化。与"国图事件"和"苏图事件"时相比，在"杭图事件"中，图书馆不再是众矢之的，而是成了争相赞许的对象，成为"天堂"的代名词。这反映了近年来当代图书馆发生的巨大变化，也说明了图书馆的努力得到了社会公众的认可。

第二节　传承文明

当代图书馆的另一重要社会价值就是"传承文明"。"传承文明"与"服务社会"是互为因果的："传承文明"是"服务社会"的前提和基础；"服务社会"是

"传承文明"的目标和归宿。图书馆要为国家、民族、人类积累文明，守护文明，传播文明，为提高民族素质、推动社会进步提供服务。

图书馆之所以能够发挥这样的社会功用，皆由于它拥有独特的资源：图书馆藏书。藏书是图书馆的独门利器，人类文明赖此而传承，阅读社会赖此而建立，知识平台赖此而支撑。

中国几千年传统文化中有着钟爱典籍的传统。台湾中央图书馆有一副楹联："大汉文章出鲁壁，千秋事业藏名山"①。个中的典故是人们熟知的，主要包含了两个故事：一是"鲁壁出书"之说，出自孔颖达《尚书序》等多部典籍，讲的是西汉景帝年间在孔子旧宅的墙壁中发现儒家典籍的著名故事。这是中国学术史、思想史、文献史上的重大事件。二是"名山藏书"的典故。名山是司马迁虚构的理想文献典藏之地，即收藏《太史公书》的地方："藏之名山，副在京师，俟后世圣人君子"②，"藏之名山，传之其人"③。鲁壁出书、名山藏书，都反映了我国传统文化中对文献收藏的尊崇和景仰，这幅楹联悬挂在图书馆是再合适不过了。在中国传统文化中，文献是"载道"的，也是文明的象征，所谓"唯殷先人，有典有册"④，其使命是"为天地立心，为生民立命，为往圣继绝学，为万世开太平"⑤，因此文献要"藏之名山"，流传万代。中国民间也有"诗书继世长"的优良传统，以及"敬惜字纸"的质朴习俗。这就是我们祖先的文献观念。

文献、藏书，是图书馆的基本资源，更是图书馆社会价值和社会功用的核心所在。对于文献和藏书，国际思想学术界已经从人类历史和哲理的角度进行了阐述。其中英国大哲学家卡尔·波普尔（Karl Popper）的"世界三"理论是许多人熟知的。其大意是："世界一"是客观的世界，"世界二"是人们的头脑中的精神世界，"世界三"是文献的世界。卡尔·波普尔因此得出了一个著名的结论：如果世界毁灭了，只要图书馆收藏的客观知识和人类的学习能力还存在，人类社会仍然可以再次运转；但如果图书馆也被毁灭，人类恐怕就要回到洪荒时期了。意

---

① 吴晞.图书馆史话［M］.北京：社会科学文献出版社，2015：147.

② 史记·太史公自序.

③ 史记·报任安书.

④ 尚书·多士.

⑤ 张载"横渠四句".

大利著名哲学家、作家翁贝托·艾柯（Umberto Eco）也说过："数百年来，图书馆一直是保存我们的集体智慧的最重要的方式。它们始终都是全人类的大脑，让我们得以从中寻回遗忘，发现未知。……换句话说，我们之所以发明图书馆，是因为我们自知没有神的力量，但我们会竭力仿效。"①

我们今天所说的图书馆藏书，既包括传统的纸质文献，也包括新媒体文献、数字文献，它们都是文化遗产、文明成果，都需要图书馆收藏、传播、保存和传承。如何看待纸质文献和数字文献的发展及两者的关系，下面再做讨论。

与其他形式的文献收藏不同，图书馆藏书的特点是其系统性和长期积累，用专业术语表述，就是建立起完备的文献资源保障体系，给当代提供有保障的系统的文献服务，也为给后世留存一份完整的、全面的文化遗产。目前还没有任何其他社会机构在这一点上可以取代图书馆。

图书馆有着比文化休闲更为重要的社会功能，除了上文提到的社会意义外，还要为社会的发展提供全面、完备、系统的文献资源保障，并要承担文明传承使命。这样的功能和使命，书店能否完成呢？不能。书店只能提供当年及近年的新书，甚至只是有销路的新书，不会系统地按照学科、专题来收集和积累文献，也不会提供卖不出去的书刊。同样一本书，在书店只是商品，到了图书馆就成了馆藏；而馆藏则是人类文化遗产的范畴，亦即波普尔所说的"世界三"。馆藏的使命是"为往圣继绝学"，为当代献服务，为后世传文明，永远都不能将馆藏作为"红包"派发。

那么，凭借个人的收藏能否建立起这样的文献保障体系呢？应该承认，历朝历代的私家藏书曾经起到过非常积极的历史作用，为文化传承、文献保存和文献研究做出过重大的贡献，许多重要的学术成果也是以此为依托完成的。但毕竟时代不同了，收藏书刊作为"雅好"可以，但不大可能凭此解决重大课题。藏书家的时代已经过去。远在两千多年前的古代社会，对文献数量最为夸张的形容不过是"学富五车""汗牛充栋"。即使当时的文献总量如此有限，孔子还要"问礼"于"周藏室"（周王朝的国家图书馆），亚里士多德还要借助"学园图书馆"。可以说，面对今天的出版量和社会信息量，凭借个人的力量已经不可能建立起完备、系统的文献收藏，只能依靠社会化的分工，也就是依靠图书馆及其他社会文献机

---

① 李建中. 波普尔"世界3"和图书馆学基础理论［J］. 图书馆界，1984（3）：63-64.

构。这就如同生病要上医院，寻求专业帮助，靠个人买些感冒胶囊之类的只能对付一些头疼脑热的小毛病。

就行使提供文献保障、传承文献遗产的功能而言，目前还没有其他社会机构可以取代图书馆。遗憾的是，在许多图书馆，这一功能却往往被漠视了。而被漠视的恰恰是图书馆之所以成为图书馆的最为根本的东西，是图书馆之外其他机构无法替代的社会作用。

第三节　全民阅读

阅读是当今重要的社会现象和时代特征，或者说当今的社会是阅读的时代。随着时代的发展、社会的进步，以及各种新技术在阅读领域的应用，阅读的概念越来越宽泛，阅读的内涵和外延日益在扩大。因之我们可以称之为"大阅读"时代，也就是我们通常所说的"全民阅读时代"。

全民阅读不同于普通的阅读，我们平常所说的读书也好，阅读也好，包括个人阅读、图书馆阅读、学校阅读等，都不能等同于全民阅读。全民阅读是有其特定的含义和时代特点的。

一般说来，今天的全民阅读有如下几个特征：

1.动用国家和政府的力量，促进社会阅读活动。在国外包括一些有广泛影响力的非政府组织，在中国也包括一些身居高位的领导人的个人号召。

2.具备制度的保证。在国外，主要指制定相关的法律法规，在中国有政府的红头文件，以及其他公认有效的成文的制度。

3.具有社会联动作用。全民阅读不限于小范围、小团体，或是某个单位、某个行业，而是具有社会整体性的联合行动。

4.形成全社会范围的影响力。其效果是长久的、全社会的，而不是一时一地的。

具备这些特征，就大体符合我们今天所说的全民阅读的概念了。

全民阅读不是自古就有的，而是时代的产物。从历史发展看，人类阅读的历史源远流长，中外文明都是如此，但当代社会的阅读潮流，亦即我们今天所说的

"全民阅读"的兴起，则肇始于 20 世纪 90 年代前后，其标志性事件就是联合国教科文组织在 1995 年建立的"世界读书日"（即 4 月 23 日"世界图书与版权日"）。这一旨在鼓励人们多读书、读好书的日子，已演变成为世界性的读书盛会。每年这一天，世界上 100 多个国家都会举办多种多样的阅读促进活动，美、英、法、日、俄、新加坡等诸多国家都设立了全国性的读书节，而举办相应读书节庆活动的城市更是数不胜数。许多国家和城市都把促进阅读上升到法律高度，建立了一系列法律法规，使之成为不折不扣的国家工程、全民工程。这就是当代意义上全民阅读的由来。

国内的全民阅读兴起并蔚成风气，也始于 20 世纪末期，与世界潮流基本同步。其标志就是 1997 年 1 月《关于在全国组织实施"知识工程"的通知》的颁发，这个通知是九个部委联合发出的，包括中宣部、文化部、国家教委、国家科委、广播电影电视部、新闻出版署、全国总工会、共青团中央、全国妇联，可谓声势浩大，各界动员，发动了一场以倡导读书、传播知识、推动社会文明与进步为目的的文化系统工程。到 2004 年 4 月 23 日，全国"知识工程"领导小组和文化部联合主办、中国图书馆学会和国家图书馆承办的以"倡导全民阅读，建设阅读社会"为主题的"世界读书日"宣传活动拉开序幕，正式与国际接轨。此后每年的"世界读书日"前后，全国各地都会开展丰富多彩的阅读推广活动。

此后，全国其他部委和各地方政府也积极推行全民阅读，出台了一系列文件、法规和政策。在中央和国家政府层面，已经明确把推动全民阅读列为重要的立国方针，包括党的十八大报告和十九大报告、习近平总书记的重要讲话、李克强总理的政府工作报告，都明确突出地提倡全民阅读。地方政府的举措就更多了，据不完全统计，现在全国已经有 400 多个城市开展了读书日、读书节、读书周、读书月、读书季的活动。

再看图书馆业界，开展全民阅读活动已经在国内外图书馆界形成高度共识。《公共图书馆宣言》（1994 年版）将开展阅读活动列为图书馆的重要使命，是"公共图书馆服务的核心"之一。国际图联（IFLA）等国际组织的相关宣言、文件，都把全民阅读放到重要和突出的位置。2008 年，中图学会出台的《图书馆服务宣言》则阐述的更为明确："图书馆努力促进全民阅读。图书馆为公民终身学习提供保障，促进学习型社会的建设。"

正是在全民阅读的潮流下，2006年中国图书馆学会成立了"科普与阅读指导委员会"，2009年换届时更名为"阅读推广委员会"。现在阅读推广委员会已有21个专业委员会，委员500余人，分布于全国各地各类图书馆。多年来已经组织了几百场次的阅读推广活动，其中2016年举办30场，2017年举办36场，打造了"全民阅读论坛""全民阅读高峰论坛""阅读推广青年论坛""扫码看书百城共读"等著名活动品牌，培训了大量专业人才，撰写出版了数十本著作和大量研究论文，承接并完成多个相关的科研课题。现在阅读推广委员会已经成为全国图书馆进行阅读推广活动的中坚力量。

弗朗西斯·培根曾有名言：知识就是力量。知识最为主要的来源就是阅读，知识的主要载体是文献，获取知识的主要方式是阅读。阅读是人们接受教育、发展智力、获取信息的根本途径，事关整个社会的文化品质和可持续发展能力。所以我们也可以说：阅读就是力量。一个人阅读的力量，决定个人学习的力量、思考的力量、实践的力量；那么所有人阅读的力量加在一起，就决定国家文化的力量、精神的力量、创造的力量。

西方启蒙先驱马丁·路德（Martin Luther）曾说："一个国家的繁荣，不取决于它城堡之坚固，也不取决于它设施之华丽；而是在于它的公民的文化修养，即在于人民所受的教育，人们的远见卓识与品格的高下，这才是利害所在，真正的力量所在。"联合国前秘书长、诺贝尔和平奖获得者科菲·安南（Kofi Atta Annan）也有一句脍炙人口的名言："知识是力量，信息即解放，教育是每个社会和每个家庭发展的前提。"我国著名阅读倡导人朱永新先生曾经这样概括阅读的社会作用：一个人的精神发育史就是他的阅读史；一个民族的精神境界取决于她的阅读水平；一个没有阅读的学校不可能有真正的教育；一个书香充盈的城市才能成为美丽的精神家园；共读共写共同生活才能拥有共同语言共同价值共同愿景。[①]

这是理想的社会阅读愿景。那么现实的社会阅读状况又如何呢？有人曾经这样形容当下的社会阅读："最好的时代，最坏的时代。"[②]这里借用的是英国大

---

① 吴晞.图书馆史话［M］.北京：社会科学文献出版社，2015：153.

② 吴晞.天下万世共读之［M］.上海：上海科学技术出版社，2014：221-227.

文豪、大作家狄更斯的名言。在《双城记》里，狄更斯这样写道："这是最好的时代，也是最坏的时代；这是智慧的年代，也是愚蠢的年代；这是信仰的时期，也是怀疑的时期；这是光明的季节，也是黑暗的季节；这是希望之春，也是绝望之冬；我们可能拥有一切，也可能一无所有；我们正走向天堂，也正走下地狱……"狄更斯所处的维多利亚时代，正是这样一个社会急剧发展、各种矛盾突出爆发的时代，与我们今天的社会颇有几分相似。这句名言也适用于今天的社会阅读和图书馆阅读。

关于"最好的时代"，我们已经阐述过，现在已经形成了世界范围的阅读潮流。问题在于，现在也是阅读"最坏的时代"。表现是多方面的，诸如：社会阅读风气的萎靡、低落，乃至消失，不读书或是极少读书的人群仍有相当的数量；信息攫取"碎片化"，缺少系统的阅读学习；以治学为主的知识分子，急功近利，读书浅尝辄止，热衷于制造学术垃圾。为此有人提出了"伪阅读"的概念，意为许多人不是真的在读书，而是假读书，尤其是对一些大部头书、古文书、外文书，不愿意下工夫，只是走捷径，浅尝辄止，或是看一些零星的二手资料。因此，现在既是"大阅读"时代，又是"伪阅读"时代。

更深刻的危机，还来自各种新技术的涌现及其在阅读领域的普遍应用。新技术是一把双刃剑。新技术拓展了阅读的领域，但也给图书馆以及社会阅读带来了冲击。读者阅读习惯的改变，社会信息渠道日益多样化，读者对图书馆依赖程度的降低甚至流失，致使图书馆面临消亡的危机，也给整个社会的阅读带来了诸多的冲击和困惑。关于数字阅读问题，本讲第五节还会做详细论述。

无论阅读的形势、形态如何变化，图书馆依然是全民阅读的主体。

如同大家所知，今天的社会阅读是个很宽泛的概念。正襟危坐、"红袖添香"固然是阅读，但在路边买份报刊翻阅也是阅读，打开手机刷微博、看微信同样是阅读。全民阅读活动并不仅仅是图书馆的事情。为什么当前还是要强调图书馆要在全民阅读中承担起独有的社会责任，完成他人不可替代的历史使命呢？至少有三个理由。

首先，现代图书馆是社会发展到一定阶段的产物，是社会民主、公民权利、社会平等和信息公正等现代人文意识成熟的结果。我们办图书馆，不仅仅是办一个机构，而是在尽一种社会责任、完成一个历史使命，图书馆存在的意义超过了图书馆机构的本身。因为图书馆的存在，使每一社会成员具备了自由、平等、免费地获取和利用知识信息的权利，代表了知识信息的公平分配，从而维护了社会的民主和公正，向全社会宣示了现代民主、公民权利和人人平等的重要价值观念。这也正是全民阅读的基本前提、中心内容与核心目标，与图书馆的核心价值观是一致的。

其次，我们可以从阅读本身来看图书馆的作用。阅读虽然多种多样，但我们还是要提倡深入的、学习型的阅读，通过阅读，全面系统地掌握知识。而知识就是力量，"穷"则丰富人生，"达"则改造社会。即使是大众型、消遣性阅读，也要提倡多读书、会读书、读好书，通过有计划、有系统地读书，创建健康有益的文化生活。要进行深入系统的阅读，完整全面地掌握知识，只有图书馆，才具有完备的文献资源保障体系，才能为读书人提供全面系统的文献服务；也只有在图书馆，才能领略到完整的科学知识体系和全部的人类文化遗产，从而站在巨人的肩膀上来看这个世界。所谓"巨人肩膀"，实际上就是前人成果，就是文献，就是图书馆。目前还没有任何社会机构可以在提供阅读这一功能上取代图书馆。

举例讲，如果某一学科或专题的有关文献有100篇，其学习者或研究者至少要掌握其中的80篇，还不能遗漏核心文献，才算得上有基本的了解，才算入门。社会上能够提供这样文献保障的机构只有图书馆。这就是图书馆系统收藏的不可替代的作用，这样的功能和使命是其他社会机构无法完成的。上文中已经述及，书店只能提供当年及近年的新书，甚至只是有销路的新书，不会系统地按照学科、专题来收集和积累文献，也不会提供卖不出去的书刊。上网浏览固然可以获得大量信息，但未经筛选，垃圾信息充斥，个人往往没有能力甄别利用。依靠个人的收藏也很难建立起文献保障体系，面对今天的出版量和社会信息量，凭借个人的力量已经不可能建立起完备系统的文献收藏，只能依靠社会化的分工，也就是依靠图书馆及其他社会文献机构。

最后，进入网络化、数字化时代之后，图书馆独特的、不可替代的社会作用非但没有减弱，反而更加强化了。图书馆为我们提供了丰富实用的数字资源。图书馆收藏和提供各种数据库，如同图书馆的藏书一样，是经过精挑细选和专业化整理揭示的，因此是最重要、最实用、最具价值的信息资源，而且大都是免费提供使用的。在现代社会，无论是普通读书人，还是读书治学的人，图书馆数字资源都是基本资源和首要选择。在目前社会上，还没有其他社会机构拥有这样完备的数字资源、系统的数字阅读保障、全面无偿的服务。

因此，在当今社会，图书馆是社会阅读的主要资源提供者，也是全民阅读的主要场所。

第四节　阅读推广

既然全民阅读离不开图书馆，那么图书馆如何推进全民阅读呢？其主要方式就是进行阅读推广。

这种基于全民阅读的阅读推广工作，是图书馆的一项带有根本性的任务，体现了其一贯的指导方针，带有根本精神、宗旨圭臬的性质。

从图书馆历史、尤其是公共图书馆的历史看，阅读推广活动的出现与普及，是图书馆发展到一定层次、一定水平的产物。纵观我国百年来图书馆的发展，可以说经历了三个历史阶段：一是从封闭到开放，二是从对部分人开放到对全社会普遍开放，三是从被动地提供服务到主动地推广服务。这个过程漫长而艰难，可以说，直到进入 21 世纪以后，我国公共图书馆才大体完成了前两个阶段的使命，亦即基本实现了对全社会普遍、均等、免费开放。现在正在迈向第三个阶段，亦即进入了大力开展阅读活动、向全社会主动推送图书馆服务的新时期。因此，今天的图书馆阅读推广工作，在某种程度上也是历史发展之必然，是图书馆发展的历史趋势。

从图书馆服务上看，图书馆专业服务工作可划分为三个主要内容，或者从历史发展的角度看，也可以说经历了三个不同的阶段：一是文献服务，即传统的图书馆服务，如外借、阅览；二是信息服务，如参考咨询、信息检索等；三是阅读推广，表现为开展多种多样的读书活动。阅读推广可以说是集文献服务和信息服务之大成，通过多种多样的活动和手段将文献服务和信息服务送达读者身边。可以说，阅读推广是图书馆服务的新趋势，也是服务工作的新方向。

目前无论是公共图书馆，还是学校图书馆，阅读推广活动已进入迅猛发展的高潮。各种阅读推广活动丰富多彩，遍地开花，包括讲座、展览、读书会、演讲会、朗诵会、报告会、主题论坛、专题陈列、新书推荐、网络竞赛、音乐欣赏、影视观摩、参观考察、学术研讨、技术体验、科普教育，等等。很多图书馆都设立了读者活动部或类似部门，或者由专人负责阅读推广活动。如果说，从前图书馆的类似工作还是可有可无、可多可少的话，那么，阅读推广已经成为当前图书馆的核心工作任务。

有专家指出，从图书馆业务工作的发展趋势看，"融合趋势"或是"综合发展趋势"（Development of Metropolitan Libraries）是今后图书馆发展的主流。[①]什么是"综合趋势"或"融合趋势"？通俗地解释，就是今后的图书馆不可能再按照老模式运作，满足于每日借借还还，看摊守点，而必须全方位、多方面地开展工作。既是图书馆，又是信息资源集散地（ICP），还是学校、展览馆、博物馆、音乐厅、文化讲坛、影视观摩厅、新书推介中心、学术交流场所、新技术体验中心，等等。只有这样，才能丰富和拓展图书馆的服务内容，提升和强化图书馆的服务品质，增强和扩大图书馆的服务影响。这种"融合趋势"或是"综合发展趋势"，主要就是通过阅读推广工作来实现的。

根据研究者归纳，图书馆在阅读推广工作中要做的，主要有以下内容，或者说要实现如下目标：[②]

1. 引导。对于缺乏阅读意愿的人，公共图书馆通过生动有趣的阅读推广活动，引导他们感受阅读的魅力、享受阅读的乐趣，并逐步形成阅读的意愿。

2. 训练。公共图书馆的服务对象中存在许多有阅读意愿而不善于阅读的人，包括尚未学会阅读的人，如少年儿童、青年学生，还有因各种原因成人后失去继续学习机会的人。图书馆阅读推广可以训练他们，使他们学会阅读。

3. 帮助。公共图书馆的服务对象中还存在阅读困难人群，也称图书馆服务的特殊人群。对公共图书馆来说，此类特殊人群包括残障人士、阅读障碍症患者等；

---

① 王世伟. 再论智慧图书馆. 图书馆杂志，2012（11）：48-52.
② 范并思. 阅读推广为什么［J］. 公共图书馆，2013（3）：4.

对学校图书馆来说，主要是那些缺乏阅读知识和辨别能力的低年级学生。图书馆需要对他们提供阅读帮助，阅读推广服务是最好的帮助。

4. 服务。传统图书馆服务目标人群的主体是具有较好阅读能力的人，即所谓高层次读者。图书馆阅读推广活动为他们提供阅读的便利，丰富了为他们服务的方式。对于学校图书馆来说，除了专业阅读之外，还要引导学生了解和学习专业之外的知识，丰富他们的阅读视野，拓展他们的知识范畴。

第五节　数字阅读

20 世纪 70 年代，美国著名图书馆学家兰卡斯特（F. W. Lancaster）提出了一个"无纸社会"（paperless society）的著名预言："我们正在迅速地不可避免地走向无纸社会"[①]，"图书馆主要是处理机读文献资源，读者几乎没有必要再去图书馆"，"再过 20 年，现在的图书馆可能完全消失"[②]。

有人认为兰卡斯特的预言没有如期实现，因此对他的论点持否定态度。公正地说，兰卡斯特的预言在总体趋向上并没有错，只不过他所预设的具体时间和具体方式上有些问题。我们的社会不大可能在某一时间点上，蓦然回首，已经变成"无纸社会"。电子图书取代纸本图书要有一个相当长的此消彼长的过程，这个过程现在还远未终结。图书馆也不会在一夜之间消亡，而是在逐渐改变着收藏的内容和服务的方式，以适应时代的发展。任何大趋势式的预言，均不太可能准确预言具体的时间和方式。而今天，我们依然不能准确地给出数字化发展的时间表，这点我们是不能苛求前人的。

数字文献和数字阅读是未来发展的趋势，也是图书馆发展的趋势，这个趋势不可改变。电子图书、数字阅读一定会取代传统的阅读方式，数字阅读的时代正在到来，则是世界性的趋势。

再看中国的情况。我国图书馆的自动化、数字化始自 20 世纪 80 年代。1988

---

① 兰卡斯特.情报检索系统［M］.北京：书目文献出版社，1984.
② 兰卡斯特.电子时代的图书馆和图书馆员［M］.北京，北京科技出版社，1985.

年，文化部委托深圳图书馆研制成功"图书馆自动化集成系统"（ILAS），并在全国推广。21 世纪之后，以电子计算机技术为代表的各种新技术陆续在图书馆广泛应用，图书馆界对新技术的反应亦更加敏捷、更见成效，在服务创新、管理创新上愈加丰富多彩，也愈加多元化。中国图书馆已经进入了数字化的新时代。

近年来实施的具有较大社会影响的数字化和新技术项目主要有：

1. 中国高等教育文献保障系统（CALIS）。另有与之配套的中国高校人文社会科学文献中心（CASHL），大学数字图书馆国际合作计划（CADAL）。CALIS 是国务院批准的高等教育总体规划中的三个公共服务体系之一，共有三期，第一期于 1998 年开始，第三期于 2011 年结束。

2. 全国文化信息资源共享工程。2002 年 4 月由文化部、财政部共同组织实施。主要内容是利用现代信息技术，将中华优秀文化资源进行数字化加工整合，通过互联网、卫星、电视、手机等新载体，依托图书馆、文化站等文化设施，在全国范围实现共享。

3. 城市街区 24 小时自助图书馆。2007 年由文化部立项，深圳图书馆研制开发。它是集数字化技术、无线射频识别技术（RFID）、自控分拣技术等于一身，为城市居民提供 24 小时不间断借阅服务。2008 年研制成功，2009 年文化部召开全国会议进行推广。

4. 数字图书馆推广工程。2011 年由文化部、财政部推出，国家图书馆牵头，目标是建设公共文化资源库群和数字图书馆服务平台，实现数字图书馆服务惠及全民。

在数字化大潮的席卷下，全社会的阅读方式和图书馆的运作模式都发生了巨大的变化。于是产生了疑问：现在已经进入网络化、数字化时代，图书馆是否还是社会阅读的主体？是否还具有不可替代的社会价值和功用？我们是否还要到图书馆读书？

这种疑惑不足为奇。各种新技术手段进入阅读领域以来，使我们的社会出现了截然不同的两个阅读群体，或者是两种阅读观。一部分人极端地依赖各种新技术来获取信息，出现了网络控、手机控一族人，他们几乎从不阅读传统纸质文献。这些人以年轻一代的"新新人类"居多，也有部分对新技术较为敏感和热衷的中老年人。

另有一部分人则极端地抵制新技术，拒绝任何新媒体文献。其中不乏深具影响的大家，这里且举两个例子。①

一是王蒙先生。2012 年在东莞召开的"2012 中国图书馆年会"上，王蒙先生在闭幕式上做了题为《现代性文化与阅读》的演讲。这篇演讲的结论性意见是："读书是不能替代的，不能用上网替代，不能用看 VCD 替代，不能看 DVD 替代，不能用敲键替代，甚至也不能用手机和电子书来替代。……正是最普通的纸质的书，表达了思想的魅力，表达了思想的安宁，表达了思想的专注，表达了思想的一贯。因此图书馆是一个产生思想的地方，是一个交流思想的地方，是一个深化思想的地方。"

另一位是易中天先生，他的表达更为妙趣横生。当谈到数字媒体是否会代替传统出版物的时候，易先生激动地说："完全替代是不可能的。那种用手触摸精装书籍的美好触感，电子阅读永远无法代替。经典作品还是要靠纸质媒介呈现，就像满汉全席，能用塑料盘子装吗？"

无论是王蒙先生、易中天先生，还是"新新人类"，选择阅读传统纸质文献还是新型数字文献，都是见仁见智的事情，各取所需即可。但对于图书馆来说就不同了，有许多迫在眉睫的问题要解决：如纸本资源收藏与否，传统文献与数字文献的关系、比例问题，就很现实地摆在图书馆面前。图书馆不得不面对，不得不拿出解决的思路、方案。

在这个问题上，国内图书馆界有着截然不同的看法，有人主张恪守纸质文献的核心地位，也有人倡导"电子文献先行"（e-first）"网络先行"（i-first）。②

我们以为，在这个问题上图书馆应该坚持两点：一是思想要敏锐，认识要超前；二是行动要保守、谨慎，尤其是涉及采取破坏现有资源和现有服务模式的措施，一定要缓行、慢行、三思而后行。

图书馆应该紧跟社会趋势和技术潮流，但是遇到具体问题，就一定要采取慎重的态度。例如前面所述的选择数字阅读还是纸本阅读，在个人来说是各有所好、

---

① 吴晞. 天下万世共读之 [M]. 上海：上海科学技术文献出版社，2014：184-193.
② 吴晞. 斯文在兹 [M]. 深圳：海天出版社，2014：109-116.

见仁见智的事，但对图书馆就不一样了，因为涉及图书馆的馆藏模式和服务方针，必须要有清醒认识和正确对策。至少在目前，图书馆的纸本文献仍然是不可缺少的，仍然要实行数字文献和纸本文献并存的方针。这样讲主要是基于以下两个现实的因素：

1. 社会纸质文献资源极为丰富，还没有被数字文献完全取代。图书馆有"传承文明"的社会责任，要为后人留下完整、全面的文化遗产，因此还不能舍弃纸本资源。

2. 读者对纸质文献的需求很大，尤其是公共图书馆。我们不能忽略普通读者，尤其是底层民众对传统文献的现实需求。此事涉及图书馆的人文关怀，因此必须予以重视。

毫无疑问，今后的世界，纸张和纸质文献还会继续存在并发挥作用，不会马上消亡。如同枪械出现了弓箭还会存在，电灯出现了蜡烛还会存在，汽车、火车出现了马匹还会存在，但是其地位和意义却是不一样的。毕竟社会已经进入到信息化、网络化、数字化的时代，社会阅读也好，图书馆也好，都会发生重大的嬗变。

变中亦有不变，万变不离其宗。在网络化、数字化时代，图书馆独特的、不可替代的社会作用非但没有减弱，反而更加强化了。这是因为图书馆为社会提供了丰富、实用的数字资源。与互联网上良莠并存、未经筛选的信息不同，图书馆收藏和提供的各种的数据库，如同图书馆的藏书一样，是经过精挑细选和专业化整理揭示的，因此是最重要、最实用、最具价值的信息资源，而且大都是免费提供使用的。即使是所在的图书馆数据库不够齐备，使用者另有需求，现在图书馆大都可以通过各种图书馆协作关系和资源共享平台，利用其他图书馆的数据资源，这些服务都是无偿提供的。无论是普通读书人，还是读书治学的人，图书馆数字资源都是基本资源和首要选择。在现代社会，对于治学之人，推而广之到一切利用文献为学的读书人，一定要学会利用数字文献，其中主要是图书馆收藏的各种数字资源。作为一名现代学者，这已经成为必不可少的学术功力。

我们之所以坚信当今已经进入数字阅读的时代，数字阅读会取代传统阅读成为社会阅读的主体（不是全部），最为重要的依据，就是今天的图书馆已经初步建立起系统，完备的数字资源体系。在目前社会上，还没有其他社会机构拥有这样完备的数字资源，这样系统的数字阅读保障，这样全面无偿的服务。图书馆之所以能够如王蒙先生所说，是产生思想、交流思想、深化思想的地方，不仅仅是因为有传统的纸质藏书，今天还要有赖于这些让读者足不出户即可坐拥天下资源的数据库集合。

很难想象，当今社会的治学的人，能够脱离图书馆的数字资源来搞科研、做学问。就是追求全面、系统阅读的普通读书人，也不应忽略这一高效便捷、人皆可用的途径。不管阅读习惯如何，都没有理由说图书馆的数字资源不能"表达思想"，都不能否认这些数据库集合是无比丰盛的"满汉全席"，更不可无视或拒绝利用这些全体公民都有权利享用的公共资源。图书馆数据库中有最新的科技论文和学术成果，最新的学术著作，也有《四库全书》这样的古籍原始文献，如果说这些不是"高大上"的"满汉全席"，什么才是?

王蒙、易中天等人之所以有这样的看法，源于这样一种流行的思维定势：在电脑、网络或手机上阅读都是"浅阅读"，一卷在手才是读书。此乃无稽之谈。从历史上看，人类使用过几乎一切可以用于记载图文的介质，如竹、木、绢、石、草、叶、泥、青铜、陶瓷、兽皮等，直到后来才普遍使用纸张。在使用这些载体的时候，人类的文明都曾辉煌发展，如纸莎草时期的古埃及文明，泥版文书时期的两河流域文明，简策时期的商周秦汉文明。而后来之所以选择纸张作为文献载体，原因在于其廉价易得。可以肯定，如果有更便捷、更廉价的载体，人们的选择肯定会发生变化，而且这个变化现在已经在发生了。在现有的图书馆各种数字资源中，几乎囊括了一切文化科学成果这一切都不是"浅阅读"可以解释的。

历史上也曾发生过保守的士大夫鄙视纸张这个"新载体"的事情。在东汉年间，有个叫崔瑗的官员送给朋友《许子》一书，因为是用纸抄写的，而不是用当时上层社会使用的缣帛（素），就写信致歉。《全汉文》记载了这封信的全文："今遣奉书，钱千为资。并送《许子》十卷，贫不及素，但以纸耳。"[①]崔瑗写此信时应在蔡伦造纸成功之后的二三十年，当时社会主流还看不起纸张这个新载体，以至崔瑗还要为"贫不及素，但以纸耳"而向友人道歉。这与当今某些所谓的读书人看不起数字媒体何其相似! 然而"简重而帛贵"，必为新生的纸张所取代。就在其

---

① 崔瑗. 与葛元甫书.《全后汉文》卷四十五，亦见《北堂书钞》卷一〇四,《艺文类聚》卷三十一.

后不久，至迟在魏晋南北朝时期，纸张就成为主要的书写材料。

曾有一位史学研究者说过，只要学会利用各种图书馆数据库，每个研究者在占有资料上都可达到陈寅恪先生的水平。这是深得个中三昧者之言。至于自然科学和技术的研究者，对于数字文献的需求就更为迫切，利用方式的变化也更具颠覆性。有人认为，现在已经是"颠覆性变革与后图书馆时代"，"图书馆依赖的知识创造、传播与利用环境正在从信息时代进入到数据时代"，图书馆必须向"知识服务平台"转变 ①。

即使有一天纸质文献真的消亡，电子文献独步天下，天也塌不下来。我们生活在一个日新月异的高科技时代、信息化时代、数字化时代，我们将有幸见证历史文化的沧海桑田之变，也会经历图书馆有史以来最为重大的变革。数字阅读的产生、发展和演变，就发生在我们的身边，与我们每个人息息相关，而且每日每时都在急剧变化。我们有理由为此而庆幸、欢欣。

---

① 张晓林. 颠覆性变革与后图书馆时代——推动知识服务的供给侧结构性改革［J］. 中国图书馆学报，2018，44（1）：4-16.

附 录

公共图书馆宣言

国际图书馆协会联合会／联合国教科文组织（1994 年）

社会和个人的自由、繁荣与发展是基本的人类价值。人类基本价值的实现取决于信息灵通的公民在社会中行使民主权利和发挥积极作用的能力。人们的建设性参与和民主社会的发展的发展有赖于令人满意的教育和自由与无限制地利用知识、思想、文化和信息。

公共图书馆，作为各地通向知识的门径，为个人和社会群体提供了终生学习、独立决策和文化发展的基本条件。

本宣言声明：联合国教科文组织坚信公共图书馆是教育、文化和信息的有生力量，是透过人们的心灵促进和平和精神幸福的基本力量。

因此，联合国教科文组织鼓励各国政府和地方政府支持并积极参与公共图书馆的发展。

公共图书馆

公共图书馆是地方的信息中心，用户可以随时得到各种知识和信息。

公共图书馆应该在人人享有平等利用权利的基础上，不分年龄、种族、性别、宗教信仰、国籍、语言或社会地位，向所有人提供服务。公共图书馆必须为那些因各种原因不能利用普通服务的用户，例如小语种民族、伤残人员、住院人员、或被监禁人员，提供特殊的服务和资料。

所有年龄的群体都必须得到与其需求相应的资料。公共图书馆的馆藏和服务必须包括各种类型的适当媒体和现代技术以及传统资料。高质量和切合地方的需求与条件是公共图书馆馆藏与服务的基础。馆藏资料必须反映当前的潮流和社会的演变，以及人类努力和想象的历史。

馆藏和服务不应受制于任何形式的思想、政治或宗教审查制度，也不应受制于商业压力。

公共图书馆的使命

下列信息、识字、教育和文化有关的主要使命应该是公共图书馆服务的核心：

1. 从小培养和加强儿童的阅读习惯；

2. 支持个人教育和自学教育，以及各级正规教育；

3. 提供个人创造力发展的机会；

4. 激发儿童和青年的想象力和创造力；

5. 促进文化遗产意识、艺术欣赏意识、科学成就意识和科技创新意识；

6. 提供各种表演艺术的文化表达途径；

7. 促进文化间的对话，支持文化的多样性；

8. 支持口述传统；

9. 保证民众获取各种社区信息；

10. 为地方企业、社团和兴趣团体提供充足的信息服务；

11. 促进信息能力和计算机使用技能的发展；

12. 支持和参与各年龄群体的识字活动和计划，在必要时，组织发起此类活动。

拨款、立法和网络

公共图书馆原则上应该免费服务。公共图书馆是国家和地方当局的责任。必须制定专门的法规支持公共图书馆，国家和地方政府必须为公共图书馆筹措经费。公共图书馆必须是各种长期的文化、信息供应、识字和教育战略的一个基本组成部分。

为保证全国范围的图书馆协调与合作，各国的法规和战略计划还必须明确规定和提倡基于统一服务标准的国家图书馆网络。

公共图书馆网络必须建立与国家图书馆、地方图书馆、研究图书馆和专业图书馆，以及大中小学图书馆之间的关系。

运作与管理

必须制定明确的政策，确定与社区需求相关的目标、重点和服务。必须有效地组织公共图书馆并保持运作的专业水准。

必须确保与各有关伙伴合作，例如地方、区域、国家以及国际的各级用户团体和其他专业人员。

必须使社区的所有成员都能够获得图书馆的有形服务。这需要有地理位置优良的图书馆馆舍、良好的阅读学习设施、以及方便用户的相关技术与充足的开馆时间。这同样包括为那些不能到馆的用户提供延伸服务。

图书馆服务必须适应乡村和城市社区的不同需要。

图书馆员是图书馆用户和馆藏资源之间的积极中介。图书馆员的专业教育和继续教育是保证充分服务所必需的措施。

必须开展延伸教育计划和用户教育计划以帮助用户从各种馆藏资源中获益。

宣言的实施

特此强烈要求世界各个国家和地方的决策者和整个图书馆界实施本宣言中所阐述的各项原则。

这个宣言是与国际图书馆协会联合会联合制定的。

（程焕文于 2008 年根据 IFLA 网站上的 "*IFLA/UNESCO Public Library Manifesto* 1994" 英文版 [1] 翻译。）

---

[1] The International Federation of Library Associations and Institution. United Nations Educational, Scientific and Cultural Organization IFLA/UNESCO Public Library Manifesto 1994 [EB/OL] . (2004–11–03). [2011–01–05].

图书馆服务宣言

（中国图书馆学会七届四次理事会 2008 年 3 月 21 日通过）

图书馆是通向知识之门，它通过系统收集、保存与组织文献信息，实现传播知识、传承文明的社会功能。现代图书馆秉承对全社会开放的理念，承担实现和保障公民文化权利、缩小社会信息鸿沟的使命。中国图书馆人经过不懈的追求与努力，逐步确立了对社会普遍开放、平等服务、以人为本的基本原则。我们的目标是：

1. 图书馆是一个开放的知识与信息中心，图书馆以公益性服务为基本原则，以实现和保障公民基本阅读权利为天职，以读者需求为一切工作的出发点。

2. 图书馆向读者提供平等服务。各级各类图书馆共同构成图书馆体系，保障全体社会成员普遍均等地享有图书馆服务。

3. 图书馆在服务与管理中体现人文关怀。图书馆致力于消除弱势群体利用图书馆的困难，为全体读者提供人性化、便利化的服务。

4. 图书馆提供优质、高效、专业的服务。图书馆充分利用现代信息技术，提高数字资源提供能力和使用效率，以服务创新应对信息时代的挑战。

5. 图书馆开展信息资源共建共享。各地区、各类型图书馆加强协调与合作，促进全社会信息资源的有效利用。

6. 图书馆努力促进全民阅读。图书馆为公民终身学习提供保障，促进学习型社会的建设。

7. 图书馆与一切关心图书馆事业的组织和个人真诚合作。图书馆欢迎社会各界通过资助、捐赠、媒体宣传、志愿者行动等各种方式，参与图书馆建设。

后　记

本书主要在作者本人多年累积的研究成果的基础上完成，包括《北京大学图书馆九十年记略》（北京大学出版社，1992年）《从藏书楼到图书馆》（书目文献出版社，1996年）《图书馆史话》（社会科学文献出版社，2015年）等专著，以及《西方图书馆史》（书目文献出版社，1989年）等译作，收录散见于各专业刊物的相关论文的《斯文在兹》（海天出版社，2014年）《清话书林》（社会科学文献出版社，2015年）等书。

为能充分体现业界在图书馆史研究方面的成果，本书还参考和采用了多位当代学者的著述。所引用的文献均已在注释中标注。此外还应特别指出的是：

全书选用资料最多的是李希泌、张淑华《中国古代藏书与近代图书馆史料（春秋至五四前后）》（中华书局，1982年）；

采用成说最多的是谢灼华《中国图书与图书馆史》（武汉大学出版社，1987年）；

第五讲第五节主要参考了查启森、赵纪元《文华公书林纪事本末》（《图书情报知识》，2008年第5期）；

第六讲主要依据王子舟《图书馆学是什么》（北京大学出版社，2008年）和范并思《20世纪西方与中国的图书馆学》（国家图书馆出版社，2016年）编撰；

第七讲第二节主要参考了潘燕桃《近60年来公共图书馆思想研究》（中山大学出版社，2011年）；

在全书完稿之际，恰逢韩永进主编的《中国图书馆史》四册（国家图书馆出版社，2017年）出版，又依照该书对本书做了部分订补。

谨向以上提到和未能一一述及的众多论著作者致以由衷谢忱！

吴晞

2018年元月于深圳前海零丁洋畔